マンガでわかる

中学3年間の英語をこの1冊でざっと復習する本

原作・監修 稲田一　漫画 古田真理子

はじめに

本書は、2010年にオールカラー化して出版された『カラー版 CD付 中学3年間の英語を10時間で復習する本』のコミック版です。原著は2012年、大手書店年間ベストセラーランキングの「語学・辞書」部門で1位。また、さまざまな雑誌の英語特集で、TOEIC受験対策の基礎確認用の参考書として紹介されました。さらに、やり直し英語シリーズ累計100万部突破のベストセラーにもなっています。

グローバル化した現在、大手企業における「英語の社内公用語化」や小学校5～6年生(今後3～4年生への低年齢化)での「英語必修化」など、英語を取り巻く環境が大きく変化してきました。日本人にとって、今後はますます使える英語が必要な時代になってきたということです。

さて、みなさんは日頃こんなことを感じていらっしゃるのではないでしょうか?

「英語をもう一度やり直したいけど、英会話学校に行くのも気が引けるし、いまさら中学英語レベルを教わりたいって言うのも恥ずかしいし……」

そんな人は、ぜひ、このコミック版からはじめてみてください。ストーリーを追ってスラスラと読み進むうちに、英語に対して、自然に親しみを感じてくるはずです。

今まで中学から高校、あるいは、大学まで英語を習ってきた社会人が英語を再学習するための最も効率的な方法は、中学3年間の英語を総復習することです。つまり、頭の中に残っている過去の断片的な英語の知識を体系化するのです。どんなに複雑な英文でも、基本はすべて中学英語が出発点となっています。

中学英語さえマスターすれば、かんたんな日常会話レベルなら世界中のどこの国へ行っても意思の疎通をはかれます。

TOEICや英検などの資格試験を目指している会社員の方。会社をリタイアしてこれから海外旅行を楽しもうと思っている方。はたまた主婦の方。小・中・高・大学生の方。みなさんが英語好きになるための入り口として本書を活用し、さらなるステップアップをしてくださるのが、私の最大の望みです。

本書の完成にあたっては、漫画家の古田真理子さんや、KADOKAWAの細田朋幸編集長、担当編集の黒田光穂さんはじめ、多くの方々のお世話になりました。心からお礼を申し上げます。

2016年6月吉日

著者

はじめに …004

1時間目 動詞
中学英語の入り口は「動詞」から！ …009

2時間目 時制
過去から未来へひとっ飛び！「時制」 …029

3時間目 助動詞 命令文
おしゃれな会話の宝庫「助動詞」 …051

4時間目 名詞 代名詞
クローズアップ！「名詞」 …071

5時間目 形容詞 副詞
プリティ・ウーマン「形容詞」 …093

Column 1 英国では2階が1階？ …027

Column 2 アフリカサファリの「ビッグ5（ファイブ）」とは？ …050

Column 3 「寝る」と「眠る」の違いは？ …069

Column 4 「ティーンエージャー」って何歳から何歳まで？ …092

Column 5 「親指」は指の仲間はずれ？ …108

6時間目 比較 感嘆文
グルメorエステ「比較」 … 109

7時間目 受動態 疑問詞
愛されるよりも愛したい「受動態」 … 131

8時間目 不定詞 動名詞
「不定詞」七変化 … 153

9時間目 現在完了 付加疑問文 間接疑問文
英語にあって日本語にないもの「現在完了」 … 171

10時間目 関係代名詞 分詞
英語の達人への扉「関係代名詞」 … 197

Column 6 「食事」イロイロ … 129

Column 7 「under5」は5が含まれる？ … 152

本文デザイン…小口翔平＋三森健太（tobufune）

1時間目

動詞

中学英語の入り口は
「動詞」から！

動詞には**「be動詞」**と
「一般動詞」があるけど
「be動詞」ってどんな動詞
だったかな？

覚えていますか？ 動詞の基本

みなさんは「3単現のs」で引っかかった経験はありませんか？
そう、中学の一番はじめに習うこの部分で、
つまずいてしまう人が実に多いのです。
そんなあなたに、耳寄りなお話を！
まずは、次のページをご覧ください。

I **am** a student.

⇒ 私は学生です。

ここだけは押さえよう！

動詞の種類

be動詞	am / is / are（現在形）
一般動詞	go / play　など （be動詞以外のすべての動詞）

① I **am** a teacher.　⇒　We **are** teachers.
　（私は先生です）　　　　（私たちは先生です）

② You **are** a doctor.　⇒　You **are** doctors.
　（あなたは医者です）　　（あなたたちは医者です）

③ He **is** a pilot.　⇒　They **are** pilots.
　（彼はパイロットです）　（彼らはパイロットです）

④ She **is** a nurse.　⇒　They **are** nurses.
　（彼女は看護師です）　　（彼女らは看護師です）

⑤ It **is** a dog.　⇒　They **are** dogs.
　（それは犬です）　　　　（それらは犬です）

⑥ I **play** golf.　⇒　We **play** golf.
　（私はゴルフをします）　（私たちはゴルフをします）

⑦ You **like** apples.　⇒　You **like** apples.
　（あなたはリンゴが好きです）　（あなたたちはリンゴが好きです）

⑧ He **teaches** English.　⇒　They **teach** English.
　（彼は英語を教えています）　　（彼らは英語を教えています）

⑨ She **lives** in London.　⇒　They **live** in London.
　（彼女はロンドンに住んでいます）　（彼女らはロンドンに住んでいます）

⑩ It **moves** fast.　⇒　They **move** fast.
　（それは速く動きます）　　（それらは速く動きます）

※英語では2人[2つ]以上になると名詞に「s」がつきます。
　「s」のつけかたは、4時間目の「名詞」のところで詳しく説明します
　（→P.77参照）。

3単現のsについて

He **goes** to school.
⇒ 彼は学校へ**行く**。

My father **plays** golf.
⇒ 私の父はゴルフを**する**。

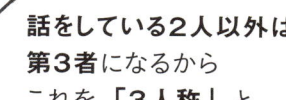

話をしている2人以外は第3者になるからこれを「**3人称**」と考えればよい…

かんたんじゃないかな？

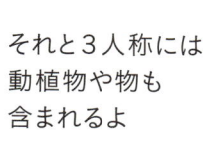

それと3人称には動植物や物も含まれるよ

そう！　たったの3つしかないね。この3つが主語のときにだけ一般動詞にs[es]をつければ残りは全部そのままでいいんだ

先生！　それじゃ「3人称単数」というのは「he / she / it」の3つということですか？

POINT 2
人称のまとめ

	単　数 (1人 [1つ])	複　数 (2人 [2つ]以上)
1人称	I　私は	we　私たちは
2人称	you　あなたは	you　あなたたちは
3人称	he / she / it 彼は/彼女は/それは	they 彼らは/彼女らは/それらは

今まで難しく考えすぎてたんじゃないの？

なーんだホントにかんたん！

では確認してみよう！

一般動詞に「s[es]」をつける場合

⇒現在のことを述べる肯定文（普通の文）で主語が「He / She / It」のときだけ

① He <u>plays</u> tennis.　　（彼はテニスをする）

② She <u>goes</u> to school.　（彼女は学校へ行く）

③ It <u>runs</u> fast.　　　　（それは速く走る）

④ My father <u>washes</u> his car.　（私の父は自分の車を洗う）

⑤ Your mother <u>cooks</u> well.　（君のお母さんは料理がうまい）

⑥ Tom <u>drives</u> a car.　　（トムは車を運転する）

※「My father＝He」「Your mother＝She」「Tom＝He」は、すべて「3人称単数」なので「s[es]」がつく。

えーと…「s[es]」がつくのは現在のことを述べる肯定文（普通の文）で主語が「He / She / It」のときだけですね

④の「My father」はsをつけるか迷いますね。私のお父さんだから私の家族だし…
　　　　でも私自身でもないし…

そんなときは「My（私の）～」のすぐあとの単語が「he / she / it」に置き換えられないかチェックするといいよ

My father
=
He

「My father」の「father」は「He」に置き換えることができるね。
それで「s」が必要になるんだ

その通り！
3人称単数については
ほんの一例だけど
単語を表にまとめたよ。
よーく確認しておいてね

なーんだ！ じゃあ「My friends」は「friends」が「they」に置き換えられるから「s はつかない」んですね

確認しよう！　3人称単数

he　彼	Tom　トム	my father　私の父
she　彼女	Mary　メアリー	your mother　あなたのお母さん
it　それ	your book　あなたの本	my dog　私の犬

> 否定文と疑問文の作り方

Doe**s** she play [ ] tennis**?**
⇒ 彼女はテニスを**しますか？**

今度は次の文を「否定文」と「疑問文」に変えてみよう

She plays tennis.
（彼女はテニスをする）

[否定文]
She does not plays tennis.

[疑問文]
Does she plays tennis?

こうじゃないですか？

否定文

She does not plays tennis.

疑問文

Does she plays tennis?

残念！
否定文や疑問文では「plays」の「s」が消えるんだ
ここは大きなポイントだよ

あ〜そっか！

でも先生！
「He」や「She」だけでなく、
「They」や「It」も出てくるから
どうしても混乱して
しまうんですが…

ああ、なるほどね。
たとえば一般動詞を含む文では
否定文や疑問文を作るときに
「do」や「does」を使うよね？

はい

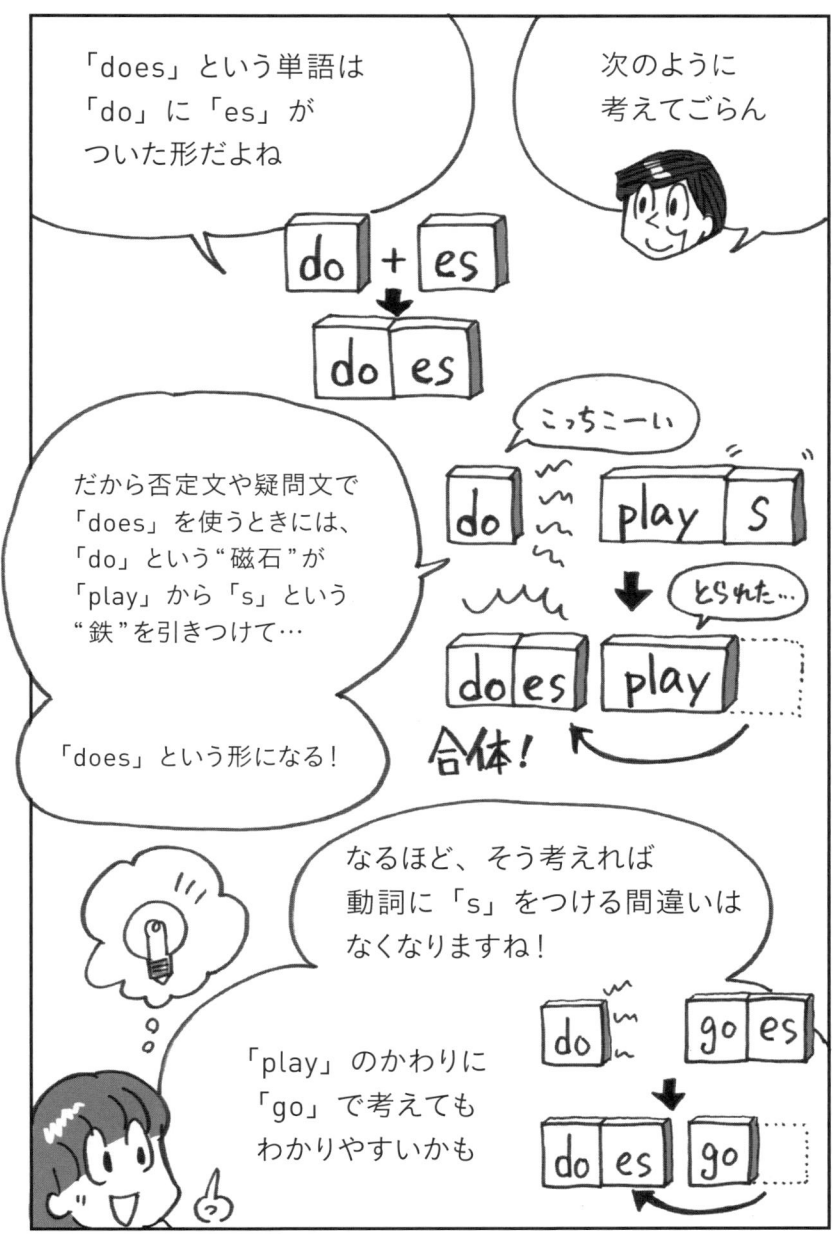

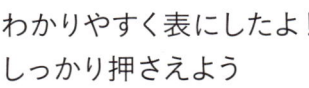

わかりやすく表にしたよ！
しっかり押さえよう

3単現の否定文・疑問文

①肯定文		She		plays	tennis.
②否定文		She	does not	play	tennis.
③疑問文	Does	she		play	tennis?

①肯定文		She		goes	to school.
②否定文		She	does not	go	to school.
③疑問文	Does	she		go	to school?

be動詞の否定文・疑問文

否定文 → 「be動詞」のあとに「not」を入れる
疑問文 → 「be動詞」を**文頭に出す**
　　　　（主語と「be動詞」の語順を逆にする）

①肯定文		He	is	a teacher.
②否定文		He	is not	a teacher.
③疑問文	Is	he		a teacher?

ふむふむ

One Point Lesson ★

例外的な規則の②と③だけ完全に覚えれば、残りの動詞はすべての①にあてはまるんですね！

3単現の「s[es]」のつけ方には、次のようなかんたんな規則があるよ

なるほど

POINT 3
3単現の「s[es]」のつけ方

①〈一般動詞〉の語尾＋s

例　walk(歩く) → walks　など

②〈o, s, ch, sh〉の語尾＋es

例　go(行く) → goes
　　pass(通る) → passes
　　teach(教える) → teaches
　　wash(洗う) → washes　など

③〈子音字＋y〉の語尾 → 「y」を「i」に変えて＋es

例　study(勉強する) → studies　など
　　ただし、〈母音字＋y〉の語尾＋s
例　play(遊ぶ) → plays　など

※母音字：アルファベット26文字のなかのa(ア)、i(イ)、u(ウ)、e(エ)、o(オ)だけ

One Point Lesson ★

主語 3人称単数 (He / She / It) → has

「have」と「has」には特別なルールがあるのでその使い方を説明しよう

「have（持っている）」は主語が「3人称単数（He / She / It）」のときに「has」にかわるよ。これは一般動詞に「s[es]」をつけるときの条件（POINT1／P.15参照）とまったく同じなんだ

「have」の「ve」が取れたあとに「s」がくっついて「has」になったと考えれば理解しやすいですね

POINT 4
「have」と「has」の使い方

「has」を使うのは現在のことを述べる<u>肯定文（普通の文）</u>で主語が「3人称（He / She / It）」のときだけ。「does」を使って「<u>否定文・疑問文</u>」に書き換えると、「has」は「<u>have</u>」に戻る。

①肯定文	He		has	a book.
②否定文	He	does not	have	a book.
③疑問文	Does he		have	a book?

Column 1　英国では2階が1階？

　英国を旅行した人はみな経験したことがあると思いますが、エレベーターに乗るときに階の数え方が米国とは異なっています。

　米国では1階から「first floor, second floor, third floor・・・」と数えますが、英国では1階は「ground floor」で、2階からは「first floor, second floor・・・」のように1階ずつずれているのです。教科書で習い知識で知っていても、実際に現地へ行ってエレベーターの前に立ってみると、ちょっぴり感動しますよ!

（例）My room is on the second floor.
　　　（私の部屋は2階[(英)3階]にあります）

2時間目

時制

過去から未来へひとっ飛び！ 「時制」

あなたの明日の予定は？

2時間目は、以前の思い出、これからの運勢、
進行中の出来事をおさらいしましょう。
過去は忘れて、英語といい関係でいたいですね。
明日もいい日でありますように！

be動詞の過去形

I **was** busy yesterday.
⇒ 私は昨日忙し**かった**。

be動詞の過去形

| am / is → **was**（主語が1人称・3人称の単数） |
| are → **were**（主語が2人称と複数） |

I **met** Mary last night.

⇒ 私は昨夜メアリーに**会った**。

> 規則動詞と
> 不規則動詞

一方、規則動詞の「ed」のつけ方には次のような簡単な規則があるよ

一般動詞 + ed

「一般動詞」の過去形は人称や単数・複数に関係なく、

ほとんどの動詞に「ed」をつければよかったね

わかりやすい♡

POINT 5
規則動詞の過去形「ed」のつけ方

1.〈動詞〉の語尾＋ed
例　walk(歩く) → walk<u>ed</u> など
2.〈e〉の語尾＋d
例　live(住む) → live<u>d</u> など
3.〈子音字+y〉の語尾→「y」を「i」に変えて＋ed
例　study(勉強する) → stud<u>ied</u> など 　　ただし〈母音字+y〉の語尾＋ed
例　play(遊ぶ) → play<u>ed</u> など
4.〈短母音+子音字〉の語尾→子音字を重ねて＋ed
例　stop(止める) → stop<u>ped</u> など　※短母音については34ページ

なるほど…

そう！
つまりそこを強く発音するとき、
あとの子音「p」が重なるんだね

st o p

それから動詞の過去形には、
「ed」をつけるだけの「規則動詞」のほかに、
形がまったく変化しない「不規則動詞」が
あることは覚えているかな？

不規則動詞

まあまあ…

日本語と英語とでは
文の構造がまったく違うから、
英語を学ぶときは最低限のことは
頭に入れておくしかないんだ。
次に「不規則動詞の変化表」
をまとめておいたよ！

そうでした！
あ～もう、英語って
どうしてこう変化
ばっかりなの！？
めんどくさい～！！

> これが、**不規則動詞変化表**だ。変化の形は主に4つあるんだけれど、やみくもに覚えるのではなく、この型ごとに復習しておくことが大切だよ

POINT 6

1. A-A-A型（無変化）

原形	過去形	過去分詞形	意味
cut	cut	cut	切る
read[リード]	read[レッド]	read[レッド]	読む

2. A-B-A型（原形＝過去分詞形）

原形	過去形	過去分詞形	意味
c<u>o</u>me	c<u>a</u>me	c<u>o</u>me	来る
r<u>u</u>n	r<u>a</u>n	r<u>u</u>n	走る

3. A-B-B型（過去形＝過去分詞形）

①d-t-t

原形	過去形	過去分詞形	意味
buil<u>d</u>	buil<u>t</u>	buil<u>t</u>	建てる
sen<u>d</u>	sen<u>t</u>	sen<u>t</u>	送る

②ay-aid-aid

原形	過去形	過去分詞形	意味
p<u>ay</u>	p<u>aid</u>	p<u>aid</u>	支払う
s<u>ay</u>	s<u>aid</u>	s<u>aid</u>	言う

③ell-old-old

原形	過去形	過去分詞形	意味
s<u>ell</u>	s<u>old</u>	s<u>old</u>	売る
t<u>ell</u>	t<u>old</u>	t<u>old</u>	話す

④○-aught[ought]-aught[ought]

原形	過去形	過去分詞形	意味
teach	t<u>aught</u>	t<u>aught</u>	教える
buy	b<u>ought</u>	b<u>ought</u>	買う

⑤○-e-e

原形	過去形	過去分詞形	意味
hold	h<u>e</u>ld	h<u>e</u>ld	つかむ
meet	m<u>e</u>t	m<u>e</u>t	会う

⑥○-e・t-e・t

原形	過去形	過去分詞形	意味
keep	k<u>ept</u>	k<u>ept</u>	保つ
leave	l<u>eft</u>	l<u>eft</u>	去る

⑦その他

原形	過去形	過去分詞形	意味
have	had	had	持っている
make	made	made	作る

4. A-B-C型（原形、過去形、過去分詞形がすべて違う）

原形	過去形	過去分詞形	意味
①i-a-u			
begin	began	begun	はじめる
drink	drank	drunk	飲む
②e-o-o・n			
get	got	got[gotten]	得る
forget	forgot	forgotten	忘れる
③i-o-i・n			
drive	drove	driven	運転する
write	wrote	written	書く
④○-o-o・n			
break	broke	broken	壊す
speak	spoke	spoken	話す
⑤○-ew-own			
fly	flew	flown	飛ぶ
know	knew	known	知っている
⑥○-□-○・n			
see	saw	seen	見える
take	took	taken	取る
⑦その他			
be [am/is]	was	been	〜です
be [are]	were		
do	did	done	する
go	went	gone	行く

まずはここからですね
しっかり覚えなくちゃ！

過去形の否定文と疑問文

Did she play [ ] tennis yesterday?

⇒ 彼女は昨日テニスを**しましたか**？

---

① She played tennis yesterday.
（彼女は昨日テニスをした）

② Tom met Mary last night.
（私は昨夜メアリーに会った）

では、次の文をそれぞれ「否定文」と「疑問文」に変えてみよう

うーんと…

↓

① She didn't play tennis yesterday.（否定文）
　 Did she play tennis yesterday?（疑問文）

② Tom didn't meet Mary last night.（否定文）
　 Did Tom meet Mary last night?（疑問文）

これでどうですか？

いいね、完ぺき！

でもホントはもう少しで、3単現の「es」のときと同じ間違いをするところでした

よく思い出したね！
過去形も現在形と同じように
否定文と疑問文では動詞はすべて「原形」になるからね

だから
「played」は「play」に、
「met」は「meet」に
なるんだね

否定文 / 疑問文

played → play
met → meet

原形

ここだけは押さえよう！

過去の文とともによく使われる語句

| 1. last〜 | 例 last week(先週), last month(先月), last year(昨年), last night(昨夜) など |

| 2. 〜ago | 例 two week ago(2週間前に), many years ago(何年も前に) など |

| 3. その他 | 例 yesterday(昨日), the other day(先日), one day(ある日), then(そのとき) など |

未来のwill の使い方

I **will** go to America next summer.

⇒ 私は来年の夏にアメリカへ行く**つもりだ**。

未来の話に入るよ。
未来のことを表すには、
どんな単語を使えば
よかった？

「will」や「shall」ですね

そうだね！
それでは次の①②を
「未来形」にして、
②はさらに「否定文」と
「疑問文」にして
みようか

① I study English every day.
（私は毎日英語を勉強する）

② She plays the guitar well.
（彼女はギターを上手に弾く）

① I will study English every day.（未来形）
② She will play the guitar well.（未来形）
　 She will not play the guitar well.（否定文）
　 Will she play the guitar well?（疑問文）

うん！
すべてOKだね
どうですか？

「will play」や「will go」など、中学のときに習った言葉が自然に出てきました♡

特に、②の「play」に「s」をつけなかったのが何といってもすばらしい！

play ✗

POINT 7
未来形＝主語＋will＋動詞の原形

1. 単純未来（単なる未来）〜だろう

例　It will rain tomorrow.（明日は雨が降る**だろう**）

2. 意志未来（話し手・主語の意志）〜するつもりだ

例　I will visit him next month.（私は来月彼を訪ねる**つもりだ**）

否定文　主語＋will not（＝won't）＋動詞の原形
疑問文　Will＋主語＋動詞の原形〜？
　　　　Yes, 主語＋will.
　　　　No, 主語＋will not（＝won't）.

「未来形」で最も大切なことは
「will」のあとにくる動詞が
「原形」ということ

will＋動詞の原形

先生、POINT7には
「shall」が入って
ませんけど…

「shall」は会話でよく使う
「Shall I〜?」
「Shall we〜?」の
2つの疑問形だけ
覚えておけばいいよ

shall

前ページ…

残りは人称、単数・複数、
否定文・疑問文にかかわらず
「will」を使えばいい

「I will〜」
「He will〜」
「Will you〜?」など
すべて「will」を
使えばいいのね！

will

こっち こっち

あとは「依頼」と「勧誘」を表す「Will you 〜?」を加えた次の3つを復習しておけばバッチリだね

ここだけは押さえよう！

Shall I〜? / Shall we〜? / Will you〜?

1. Shall I 〜? / (私が)〜しましょうか？
※相手の意向を聞く

例 **Shall I** open the window?(窓を開け**ましょうか？**)
　　　Yes, please.(はい、お願いします)
　　　No, thank you.(いいえ、結構です)

2. Shall we 〜? / (私たちは)(一緒に)〜しましょうか？
※仲間の意向を聞く

例 **Shall we** go there?(一緒にそこへ行き**ましょうか？**)
　　　Yes, let's.(はい、そうしましょう)
　　　No, let's not.(いいえ、やめましょう)

3. Will you 〜? ①〜してくれませんか？ ②〜しませんか？

①**(あなたが)〜してくれませんか？** ※相手に依頼する

例 **Will you** open the window?
　(窓を開け**てくれませんか？**)
　　　Yes, I will[All right].(はい、いいですよ)
　　　No, I won't.(いいえ、だめです)

②**(あなたが)〜しませんか？** ※相手を勧誘する。

例 **Will you** have some tea?(お茶は**いかがですか？**)
　　　Yes, please.(はい、お願いします)
　　　No, thank you.(いいえ、結構です)

What **are** you **going to** do tomorrow?

⇒ あなたは明日、何を**するつもり**ですか？

「be going to〜」の「be」は「am / is / are」にかえればいいんでしたっけ？

うん、そうだね

「will」と同じ意味をもつのは「be going to〜」もありましたよね

「will」 ＝ 「be going to」

「be動詞」は主語にあわせて、「I am going to〜」や「He is going to〜」になるんだ。次のページに「肯定文・否定文・疑問文」をまとめておくよ

POINT 8
「be going to」=「will」

1. I **will** play tennis tomorrow.
   = I **am going to** play tennis tomorrow.
   (私は明日テニスを**するつもりだ**)
2. He **won't** play tennis tomorrow.
   = He **isn't going to** play tennis tomorrow.
   (彼は明日テニスを**するつもりはない**)
3. **Will** you play tennis tomorrow?
   = **Are** you **going to** play tennis tomorrow?
   (あなたは明日テニスを**するつもりですか？**)

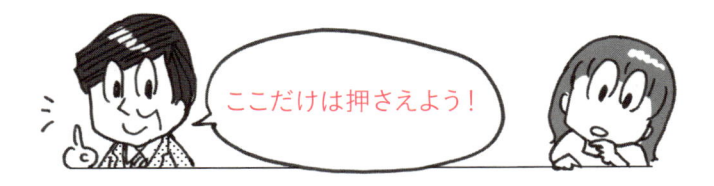

ここだけは押さえよう！

未来の文とともによく使われる語句

| 1. tomorrow | 例 tomorrow morning（明日の朝） など |

| 2. next〜 | 例 next week（来週）
next month（来月）
next year（来年） など |

| 3. this〜 | 例 this year（今年）
this afternoon（今日の午後） など |

| 4. その他 | 例 some day（いつか） など |

進行形の作り方

Tom and Alice **are walking** in the park.

⇒ トムとアリスは公園を散歩**しているところだ**。

今ゆりさんが あげた例は 「現在ある動作が 行われている 真っ最中」なので **「現在進行形」**だね

はい！ 「ただいま 恋愛進行中」の 「進行」ですよね？

さて最後は 「進行形」の話だ 意味はわかるかな？

そのとおり

POINT 9

進行形＝be動詞＋動詞のing形

1. 現在進行形　〈am / is / are＋ing〉
「〜している」「〜しているところだ」 ※現在ある動作が行われている最中であることを表す

2. 過去進行形　〈was / were＋ing〉
「〜していた」「〜しているところだった」 ※過去のある時点に動作が進行していたことを表す

現在進行形
「am/is/are + ing」

過去進行形
「was/were + ing」

現在の時点における動作の進行は「現在進行形」。過去のある時点における動作の進行は「過去進行形」になるんだったね

① Mary makes a doll.
（メアリーは人形を作る）

② They don't swim in the river.
（彼らは川で泳がない）

③ Did Tom play tennis yesterday?
（トムは昨日テニスをしましたか？）

では、左の文章を進行形にしてごらん

うーんと

① Mary is making a doll.

② They aren't swiming in the river.

③ Was Tom playing tennis yesterday?

こう？

う〜ん、おしい。まちがいが1か所だけ！

「短母音+子音字」
swim

①と③は正解だけど、②が残念だね

「swim」は語尾が「短母音+子音字」で終わるところに注目しよう

「〜ing形」の作り方
swim+m+ing
↓
swimming

POINT5の4.（P.32参照）と同じルールが適用されるよ。「m」を重ねて「ing」をつける必要があるんだ

× They aren't swiming in the river.
○ They aren't swi<u>mm</u>ing in the river.

そっか

だから②はこれが正解！

> ちなみに「進行形にできない動詞」も少しだけあるので注意しよう

進行形にできない動詞

＝ 状態を表す動詞
- know（知っている）
- like（好きである）
- have（持っている）

> ただし、「have」が「食べる」という意味のときは進行形にできるよ

POINT 10
「ing」のつけ方

1.〈動詞〉の語尾＋ing

例　walk（歩く）→ walking　など

2.〈e〉の語尾 → 「e」を取って＋ing

例　live（住む）→ living　など
例外　see（見える）→ seeing（「e」を取らない）

3.〈短母音＋子音字〉の語尾 → 子音字を重ねて＋ing

例　swim（泳ぐ）→ swimming　など

4.〈ie〉の語尾 → 「ie」を「y」に変えて＋ing

例　lie（横になる）→ lying
　　die（死ぬ）→ dying
　　tie（結ぶ）→ tying

Column 2 アフリカサファリの「ビッグ5(ファイブ)」とは?

　子どもの頃、家族で行った動物園やサファリパーク。さまざまな動物が動き回ったり、じっとうずくまっている姿を見てワクワクしたものですね。日本の動物園やサファリパークの場合は、檻や堀があったりと、動物たちが比較的狭い区域で放し飼いにされ、職員が決まった時間に餌を与えています。

　ところが、アフリカの特にケニアやタンザニアでは、野生の動物たちが広大な野生保護区で自然に生えている草を食べたり、狩りをして自由気ままに生きています。何百種類もの生物のうち、ゾウ、バッファロー、ライオン、サイ、豹(レパード)をビッグ5と呼びます。狩猟するのに最も危険な動物と考えられていることからこの名前がついたのですが、現在では、ビッグ5を自然の生息環境の中で、ジープに乗って写真撮影することがスリル満点のレジャーとなっています。

3 時間目

助動詞

命令文

おしゃれな会話の宝庫 「助動詞」

> さて、次は**助動詞**を
> やっていこう。
> 助動詞はどんなはたらき
> をすると思う?

> えっ…!
> はたらきと
> いわれても…

助動詞

気の利(き)いた質問をするには?

会話をスムーズに展開するには助動詞の知識が不可欠です。
ここでは、相手に頼んだり、やさしく命令したりする表現を復習しましょう。
よく使う会話表現も、いっぱい出てきます。
きっと、すてきな出会いがありますよ!

助動詞の基本

May I see your passport, please?

⇒ パスポートを見せてください。

swim（泳ぐ）
→ can swim（泳ぐことができる）
→ may swim（泳いでもよい）
→ must swim（泳がなくてはならない）
→ will swim（泳ぐだろう）

助動詞は大切なはたらきをしているんですね～

たとえば「swim」という動詞は「泳ぐ」という意味にしかならないけど、助動詞を動詞の前に置けば意味の範囲を広げることができる

POINT 11
助動詞の基本

1. 動詞の前に置き、動詞のはたらきを助ける語
主語＋助動詞＋動詞の原形の語順
2. 助動詞は主語が何であっても変化しない
3単現の「s」はつかない → ✕ He cans ～.
3. 助動詞は2つ重ねない
✕ I will can～. ✕ He will must ～.

注意してほしいのは、**助動詞のあとには必ず原形が入る**ということ！

主語が「He / She / It」の場合でも、主語と動詞のあいだに助動詞が入ることで「s[es]」は消えるからね

助動詞 ＋ 動詞の原形

「彼は上手に泳げる」
- ○ ① He can swim well.
- × ② He can swim<u>s</u> well.
- × ③ He can<u>s</u> swim well.

だからこの場合は①が正解！②や③のような間違いには気をつけてね

助動詞 + 助動詞 ✗

それから、**助動詞が2つ並ぶことは絶対に**ない**からね**

えっ!?　じゃあ「will」のあとに「can」や「must」の意味をつなげたいときはどうすれば？

can
=
be able to〜

「can」と同じ意味の熟語は「be able to〜」だったよね

そういうときは**助動詞を他の熟語に置き換えればいい**んだ

では、「must」と同じ意味は何だったかな？
「have to～」でしたっけ？中学で習った気がします
must
=
have to
そうか！　だから同じ意味の熟語に置き換えれば助動詞を2つ並べなくてもいいんですね
×will can
○will be able to～
×will must
○will have to～
その通り！
「will」のあとには「can」と「must」の意味がくることが多いので、この2つを押さえておけば簡単だよ
次からはそれぞれの助動詞の使い方をまとめて整理していこう

助動詞 can の使い方

Can I help you?
⇒ 何を差し上げ**ましょうか**？

助動詞「can」の使い方をおさらいしよう

POINT 12
can（過去形はcould）の使い方

1. [能力] 〜することができる

- 現在形：can ＝ be[am / is / are] able to
  - 例　I **can** swim well.
    ＝I **am able to** swim well.
    （私は上手に泳**げる**）
- 過去形：could ＝ be[was / were] able to
  - 例　I **could** swim well yesterday.
    ＝I **was able to** swim well yesterday.
    （私は昨日上手に泳**げた**）
- 未来形：will be able to
  - 例　I **will be able to** swim well tomorrow.
    （私は明日上手に泳**げるだろう**）

2. [可能性] （否定文の形で）〜のはずがない

- 例　The story **can't** be true.
  （その話は本当**のはずがない**）

「can't」に
「〜のはずがない」
という意味があるなんて
すっかり
忘れていました〜

まぁ、実際には
「〜できない」という意味で
使うことのほうが
多いんだけどね

「〜のはずがない」の場合は
「can't be」の形が多いので、
この形をヒントにすると
いいね！

The story can't be true.
その話は本当のはずがない。

助動詞mayの使い方

You **may** go with me.
⟹ あなたは私と一緒に行っ**てもよい**。

「may」の2つの意味は覚えてる？

えーっと…1つしか出てきません

なんだけ…

「may」も「must」も2つの意味があるからしっかり覚えておこう

POINT 13
may（過去形はmight）の使い方

1.[許可]　〜してもよい
例　You may swim.（あなたは泳いでもよい） ＊may not　[不許可]　〜してはいけない 例　You may not swim.（あなたは泳いではいけない）

2.[推量]　〜かもしれない
例　The story may be true. 　　（その話は本当かもしれない） ＊may not[推量の否定]　〜でないかもしれない 例　The story may not be true. 　　（その話は本当でないかもしれない）

| may | 「してもよい」「かもしれない」 |
| must | 「しなければいけない」「にちがいない」 |

「may」と「musy」の2つの意味の覚え方だよ

2つの意味をくっつけて
「してもよいかもしれない」
「しなければならないにちがいない」
と何度もくり返す

先生、こんな覚え方はどうですか？
カラオケの練習をイメージして…

may

夜の海岸は
人がいないから、大声で歌の練習を**してもよいかもしれない**

must

近所迷惑なので、
家の中では小声で練習**しなければならないにちがいない**

ハハハ、なかなかよくできてる。いいね！

助動詞mustの使い方

You **must** sing.
⇒ あなたは歌わ**なければならない**。

POINT 14
mustの使い方

1.［義務・当然］　〜しなければならない

・現在形　must＝have[has]to
　例　I **must** swim.
　　＝I **have to** swim.
　　　（私は泳が**なければならない**）
　例　A: **Must** I start now?
　　　　（今出発**しなければならない**のですか？）
　　　B: No, you **don't have to**.
　　　　（いいえ、その**必要はありません**）
　※「Must I〜?」に対する否定の答えは「No, you don't have to.」を使う（禁止を表す「No, you must not.」ではない）
　なお、口語では「must」より「have to」のほうがよく使われる

・過去形　had to
　例　I **had to** swim yesterday.
　　　（私は昨日、泳が**なければならなかった**）

・未来形　will have to
　例　I **will have to** swim tomorrow.
　　　（私は明日、泳が**なければならないでしょう**）

2.［強い推量］　〜にちがいない

　例　The story **must** be true.
　　　（その話は本当にちがいない）

さてここで問題！
この文を過去形に
してごらん

I must swim.
私は泳がなければならない。

過去形だから…
こうでしょうか？

I must**ed** swim.

ブブー

うーん残念、「must」に
過去形はないんだ

I <u>must</u> swim.
↓
I <u>have to</u> swim.
↓
I <u>had to</u> swim.

こういうときは
「must」を
「have to」に
置き換えるんだ。
その上で過去形に
すればOKだよ

なるほど！

中学のときにこんなのをやった覚えはないかな？
もう1回チェックしてみよう！

① I **can** ride a bicycle.（私は自転車に乗ることができる）
　《**未来**に書きかえてみよう》
　→ I (　) (　) (　) (　) ride a bicycle soon.

② You **must** go now.（あなたは今、行かなければならない）
　《**未来**に書きかえてみよう》
　→ You (　) (　) (　) go tomorrow.

③ I **must** write a letter.（私は手紙を書かなければならない）
　《**過去**に書きかえてみよう》
　→ I (　) (　) write a letter.

④ We **will** study English tomorrow.（私たちは明日、英語を勉強するつもりだ）
　《**未来を表す別の表現**に書きかえてみよう》
　→ We (　) (　) (　) study English tomorrow.

［問題の答え］
①《未来》will be able to　　②《未来》will have to
③《過去》had to　　　　　　④《未来》are going to

昔は苦手だったけど
今ならできるかも…！

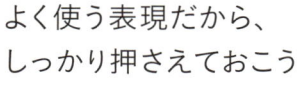

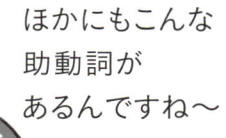

よく使う表現だから、しっかり押さえておこう

ほかにもこんな助動詞があるんですね〜

ここだけは押さえよう！

need / should / would

1. need / 〜する必要がある
need not = don't[doesn't] have to
〜する必要はない
例 You need not[don't have to] study today.
（君は今日、勉強する必要はない）

2. should / [義務・当然] 〜すべきである
例 You should study harder.
（君はもっと一生懸命に勉強すべきだ）
should not 〜すべきではない

3. Would you〜? / 〜していただけませんか？
Would you like〜? 〜はいかがですか？
※「Would」は過去を意味するのではなく、丁寧な質問表現

命令文とLet'sの文

Let's go for a walk.
⇒ 散歩に行き**ましょう**。

次は命令文！

文は「主語」「動詞」があるのがふつうだけど、命令文は主語の「You」を省略してしまう

それは、命令する相手が「話し相手（You）」に決まっているからなんだ

← 話し相手＝命令する相手

話し手 →

このように、**命令文は主語を使わずに動詞の原形ではじめる**のが大きな特徴だよ

① You must study English hard.
（あなたは英語を一生懸命勉強しなければならない）
② You are kind to your friends.
（あなたは友だちに親切だ）

では問題！次の文を命令文に変えてごらん

① Study English hard.
② Are kind to your friends.

こうですか？主語をなくせばいいんですよね

う～ん惜しい！

①はOK！ けど、②が違うね
命令文を作るポイントを
もう一度チェックしてみよう

命令文を作るときは…
・主語の「You」を消す　~~You~~
・動詞を「原形」に直す
（動詞の「原形」ではじめる）

原形

あっ！　そうか…
②は「Are」を原形にしなくちゃいけないんですね

× Are kind to your friends.
○ Be kind to your friends.

こうですね！

そのとおり！
「Don't」「Never」などの
「否定の命令文」を作るときも
そのあとに動詞の原形を
置けばいいよ

Don't ） 動詞の
Never ） 原形

POINT 15
命令文の作り方

1. 動詞の原形〜　〜しなさい
例　Open the window.（窓を開け**なさい**） 　　Be kind to your friends.（友だちに親切に**しなさい**）
2. Don't＋動詞の原形〜［禁止］〜してはいけない
例　Don't open the window.（窓を開け**てはいけない**） ＊Never＋動詞の原形〜［強い禁止］決して〜してはいけない 例　Never tell a lie.（決してうそをつい**てはいけない**）
3. Let's＋動詞の原形〜［勧誘］〜しましょう
例　A：Let's go for a walk.（散歩に行き**ましょう**） 　　B：Yes, let's.（はい、そうしましょう） 　　　　No, let's not.（いいえ、よしましょう）

「Let's〜」は「未来」のところでやった
「Shall we〜？」とだいたい同じ意味
（P.43参照）だよ。ここで押さえておこう！

命令文, and ～ /
命令文, or ～

Hurry up, or you will be late for school.

⇒ 急ぎなさい、さもないと学校に遅れますよ。

それじゃ2つを比較してまとめておこう

習った記憶はあるんですけど…

「…しなさい、そうすれば～」や「…しなさい、さもないと～」という命令文の言い方はちゃんと覚えてる?

POINT 16
命令文＋, and ～ ／ 命令文＋, or ～

1. 命令文＋, and～　…しなさい、そうすれば～　※～以降は良い内容
例　Start at once, and you will catch the train. （すぐに出発しなさい、そうすれば列車に間に合いますよ）
2. 命令文＋, or～　…しなさい、さもないと～　※～以降は悪い内容
例　Start at once, or you won't catch the train. （すぐに出発しなさい、さもないと列車に乗り遅れますよ）

つまり「and」は
「列車に間に合う」で、
「or」を使うと
「間に合わない」ですね

例文を見たら納得すると思うけど
「and」のあとは相手にとって
「いい内容」が続き、
「or」のあとは「悪い内容」が
続くんだ

命令文
Start at once , and
すぐに出発しなさい、
そうすれば

良い内容

you will catch the train
列車に間に合う

命令文
Start at once , or
すぐに出発しなさい、
さもないと

悪い内容

you won't catch the train
列車に間に合わない

Column 3 「寝る」と「眠る」の違いは？

「寝る」と「眠る」を混同する人は多いようです。日本語で「ねる」というと、どちらの意味にもとれる場合があるからです。「寝る（床の中に入る）」は「go to bed」で「眠る」は「sleep」です。早い時間に「go to bed」しても、なかなか眠れない不眠症の人や、授業や会議中に「sleep」する強者もよく見かけますね。

海外ツアーで翌朝、CAさんや現地ガイドさんに「Sleep well?／Did you sleep well last night?（昨夜、よく眠れましたか?）」と聞かれることはよくあります。そんなときは、「Yes, like a baby [log].（ええ、ぐっすり眠れました）」と、にっこりほほ笑んで答えましょう。

4 時間目

名詞

代名詞

クローズアップ！ 「名詞」

名詞の種類

うん、そうだね。
名詞には「数えられるもの」と「数えられないもの」の2種類がある

「数えられないもの」には「Tokyo」のほかに、「water（水）」「love（愛）」などがあるね

「数えられるもの」には、さっきあげてくれた「dog」「desk」「book」など

「名詞」だって注目されたい！

動詞に比べて軽んじられている「名詞」。
でも、名詞だけ並べてもじゅうぶん意味は通じます！
「無生物主語」という、英語独特の表現法もあります。
そんな「名詞」にもスポットライトを！

Love is blind.

⇒ 恋は盲目。（＝あばたもえくぼ。《ことわざ》）

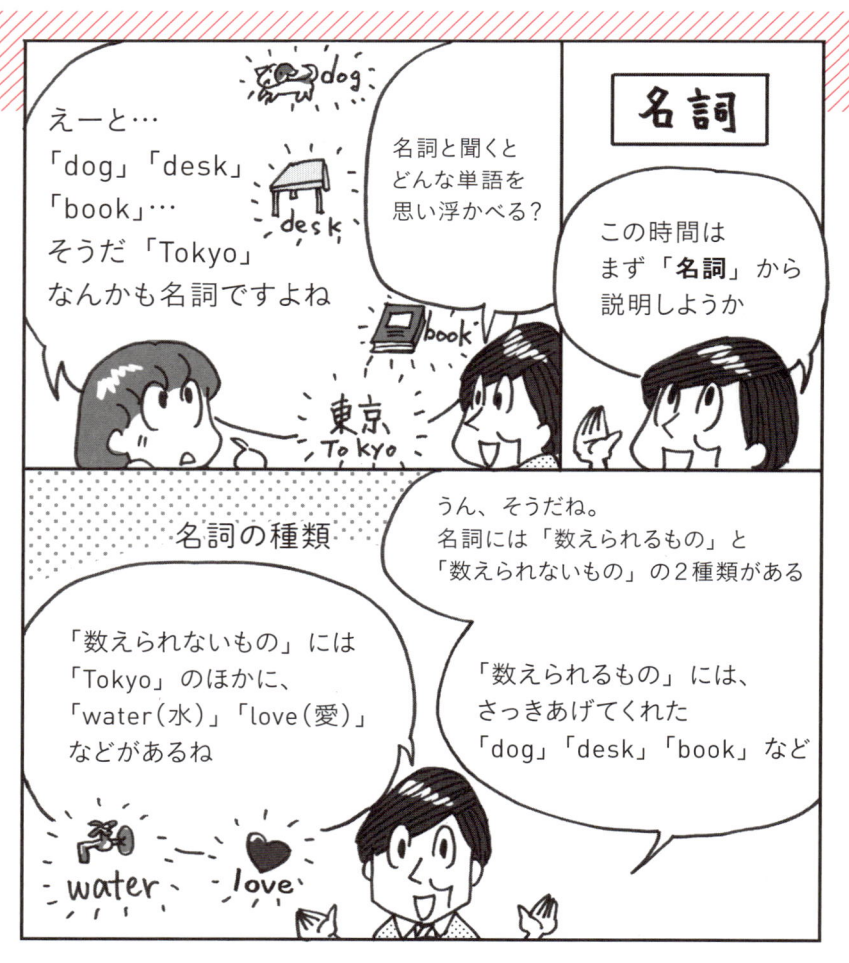

数えられる名詞と数えられない名詞

えーと…
「dog」「desk」
「book」…
そうだ「Tokyo」
なんかも名詞ですよね

名詞と聞くと
どんな単語を
思い浮かべる？

名詞

この時間は
まず「**名詞**」から
説明しようか

名詞の種類

うん、そうだね。
名詞には「数えられるもの」と
「数えられないもの」の2種類がある

「数えられないもの」には
「Tokyo」のほかに、
「water（水）」「love（愛）」
などがあるね

「数えられるもの」には、
さっきあげてくれた
「dog」「desk」「book」など

> 「love」は「性質・状態・動作」など漠然として形のないものだよね。つまり「抽象的な名詞」なので数えられないんだ。
> 数えられない名詞はほかにも、「beauty(美)」「peace(平和)」などがあるよ

> でも「love」は数えられないって？今ひとつピンとこないんですけど…

ここだけは押さえよう！

名詞の種類

1. 数えられる名詞 （＝「a[an]」がついて、複数形がある）

①1つ、2つと数えられる
例 boy(少年)／flower(花)／book(本) など

②同じ種類の人・動物の集まり、グループを表す
例 family(家族)／class(クラス)／team(チーム)など

2. 数えられない名詞 （＝「a[an]」がつかず、複数形がない）

①1つしかないものの名を表す
（人名、国名、地名、国語、月、曜日、祝祭日など。大文字ではじめる）
例 Mary(メアリー)／Japan(日本)／English(英語)
　　January(1月)／Sunday(日曜日) など

②一定の形をもたない物質を表す
例 water(水)／milk(ミルク)／air(空気) など

③性質・状態・動作など漠然として形のないものを表す
例 love(愛)／beauty(美)／peace(平和) など

物質名詞の数え方

How about **another cup of coffee**?

⇒ コーヒーを **もう1杯** いかがですか？

たとえば「water」なら「a glass of water」（1杯の水）、「coffee」なら「a cup of coffee」（1杯のコーヒー）という決まった言い方があるんだけど覚えてる？

あ、なんとなく

前のページの表をもう一度見てみよう。2.-②の「一定の形をもたない物質を表す名詞」については、数え方に気をつけてほしい

でも…同じ「1杯の〜」という言い方でも、「glass」や「cup」と違うのはなぜですか？

glass?
cup?

いい質問だね〜！それは熱いコーヒーを実際に入れるときのことを考えるとわかりやすいよ

一杯いかが？

熱いコーヒーを飲むとき、
「glass」（ガラスのコップ）は
普通使わないよね？
つまり、あたたかい飲み物には
「cup」を使って、
つめたい飲み物には「glass」
を使うんだ！
あたたかい飲み物
×
glass
○
cup
つめたい飲み物
○
glass
×
cup
MILK
なるほど
じゃあここで問題。
「２杯のコーヒー」は
どう言えばいいと思う？
えーと…
「coffee」には
「s」がつかないから
「two cups of coffee」とか？
正解♪
「a____of〜」の「a」は、
「two」「three」「four」…と
いくらでも数を
大きくできるよ
S
1 2 3 4 5
ただしそのあとの
「cup」などには
「s[es]」をつけるのを
忘れないこと！

> ここだけは押さえよう！

物質を表す名詞の数え方

1. a cup of coffee[tea]
（熱いもの）1杯のコーヒー[紅茶]
2. a glass of water
（冷たいもの）1杯の水
3. a pair of gloves[shoes]
1組の手袋[くつ1足]
4. a piece of paper[chalk]
1枚の紙[1本のチョーク]
5. a slice of bread
パン1切れ
6. a bottle of wine
ワイン1本

複数形の作り方

a _____ of～ ⇒ two[three] _____ s[es] of ～

　例　a glass of water ⇒ two glass<u>es</u> of water（2杯の水）

ところで先生 **水が「多い・少ない」** はどう言えばいいんですか？

これもいい質問だね

そういうときは「much」「little」を使って、「much water」や「a little water」とすればいいんだよ。もちろん「water」に「s」はつけないでね

POINT 17

複数形の作り方

1. 単数形＋s
例 dog(犬) → dogs など

2. 〈s、x、ch、sh〉の語尾＋es
例 bus(バス) → buses、
bench(ベンチ) → benches など

3. 〈子音字＋o〉の語尾＋es
例 potato(ジャガイモ) → potatoes など
ただし、〈後半が省略されてできた語＋o〉の語尾＋s
例 piano(pianoforte)(ピアノ) → pianos
photo(photograph)(写真) → photos
radio(radioset)(ラジオ) → radios など

4. 〈子音字＋y〉の語尾
→ 「y」を「i」に変えて＋es
例 baby(赤ちゃん) → babies など  
ただし、〈母音字＋y〉の語尾＋s
例 boy(少年) → boys など

5. 〈f、fe〉の語尾
→ 「f、fe」を「v」に変えて＋es
例 leaf(葉) → leaves／
knife(ナイフ) → knives など
例外 chief(長) → chiefs／roof(屋根) → roofs など 

6. 不規則変化
①母音部分のつづりが変化  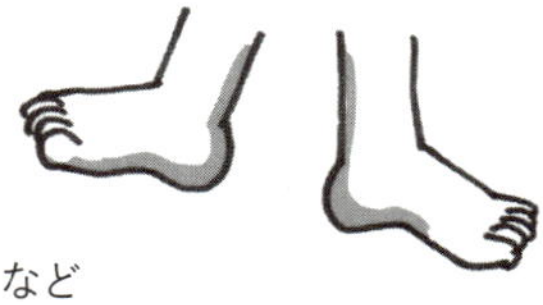
例 man(男) → men／woman(女) → women
foot(足) → feet／tooth(歯) → teeth など
②「en」「ren」をつける
例 ox(雄牛) → oxen／child(子ども) → children など
③単複同形
例 sheep(羊) → sheep／deer(鹿) → deer
Japanese(日本人) → Japanese など

無生物主語

What made her do so?

ところでゆりさん君ならこの文をどう訳すかな?

えっと…
「何が彼女をそうさせたか?」でしょうか

そうだね。
より日本語らしくすると、
「なぜ彼女はそうしたのか?」
だけど、
この違いは「**主語が人間かそうでないか?**」なんだ

人間以外が主語になることを「**無生物主語**」といって、英語ではよく使われる表現なんだよ

無生物主語

> この表現法を使えば、日本人の多くが悩む英語表現もアッと驚くような名文になるよ。いくつか紹介しておこう

> 使いこなしたーい♡

無生物主語を使った例文

例

1. **That bus** will **take** you there.
   そのバスがあなたをそこへ連れて行きます。《直訳》
   → そのバスに乗ればそこへ行けます。

   ※ take「人を…へ連れて行く」

2. **A short walk brought** me to the park.
   少しの散歩が私を公園へ導いた。《直訳》
   → 少し歩くと公園へ出た。

   ※ bring「人を…へ導く」(「brought」は過去形)

3. **This medicine** will **make** you feel better.
   この薬があなたをより良く感じさせるだろう。《直訳》
   → この薬を飲めば、気分が良くなるだろう。

人称代名詞の変化

Whose piano is this?

⇒ これは誰のピアノですか？

人称代名詞

I we you
he she it they

次は「**人称代名詞**」だよ。1時間目の「人称」で少し説明したね（P.16参照）

この7つですね

次の表をみてね

そう！ この7つの人称代名詞は人称・格・数によって形がいろいろ変化するんだ。大切なルールだからしっかり覚えよう

はーい

人称代名詞の変化表

単　数		主格 (は・が)	所有格 (の)	目的格 (を・に)	所有代名詞 (のもの)
1人称	私	I	my	me	mine
2人称	あなた	you	your	you	yours
3人称	彼	he	his	him	his
3人称	彼女	she	her	her	hers
3人称	それ	it	its	it	――

複　数		主格 (は・が)	所有格 (の)	目的格 (を・に)	所有代名詞 (のもの)
1人称	私たち	we	our	us	ours
2人称	あなたたち	you	your	you	yours
3人称	彼ら 彼女ら それら	they	their	them	theirs

♪ アイ・マイ・ミー・マイン
シー・ハー・ハー・ハーズ ♪

リズムよく
くり返せば何事も
自然に覚えられるよ
がんばって！

はーい

代名詞の所有格

This is **her** bag.
⇒ これは**彼女の**バッグです。

This is a her piano.

この文章の間違っているところはわかるかな？

えーと…ちょっとわからないです

a dog
1匹の犬

まず「a / an」は**数えられる名前の前につける**ことはわかるね

そしてこの場合は「**特に決まっていない、はっきりしないもの**」であることを表すんだ

a / an

たとえば犬はこの世にいくらでもいるけど、「a dog」はそのなかの**どれか1匹の犬**を指す

a dog

ところが、「my dog」や「this dog」は**特定のはっきりした犬**…つまり、「私の犬」「この犬」を指すんだ。
この違いはわかるよね？

my dog

だから**不特定なもの**を表す「a / an」と、**特定のものを表す**「my / his / this / that」はいっしょには使えないんだ！

どっち？
my
his
this
that
my
a
a
an

ここだけは押さえよう！

「a / an」の使い方

「a / an」は「my（私の〜）, his（彼の〜）」など所有格や
「this（この〜）, that（あの〜）」などと
一緒には用いられない。

例 1匹の犬 → a dog
　　私の犬　 → my dog　✕ a my dog　✕ my a dog
　　この犬　 → this dog　✕ a this dog　✕ this a dog

What is your cat's name?
(　　　) name is kittey.

うーんと…
「It's」ですかね？

さて　次は（　）内に
適当な語を入れてごらん

残念！　ちょっと違う

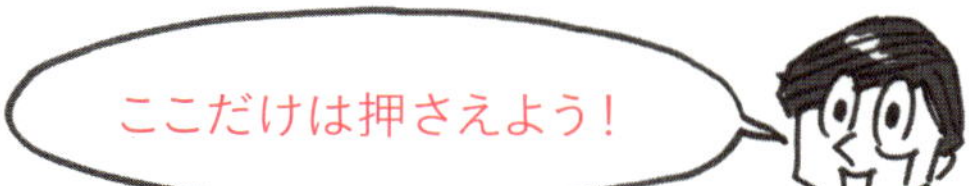

さっきの「人称代名詞の変化表」（P.81参照）をよく見てごらん

ここはカン違いしている人が本当に多いから気をつけてね！

× It's name is Kitty.
○ Its name is Kitty.

あっそうだ！
「Its」でした！
「It's」は「It is」の短縮形でしたね

そのとおりだよ

ここだけは押さえよう！

所有格＋名詞

1. 名詞（単数）＋'s 例 Tom's book（トムの本）
my father's car（私の父の車）

2. 名詞（複数）＋' 例 the boys' house（その少年たちの家）

「所有格＋名詞（…の〜）」の形を忘れないこと！

代名詞の目的格

I know **him**.

⇒ 私は**彼を**知っている。

POINT 18
目的格の使い方

1. 動詞のあとに置く
例 Do you know my father? 名 （あなたは**私の父を**知っていますか？） Do you know him? 代 （あなたは**彼を**知っていますか？）

2. 前置詞のあとに置く
例 I play baseball with my friends. 名 （私は**友だちと**野球をする） I play baseball with them. 代 （私は**彼らと**野球をする）

つまり、
「目的語＝目的格」と
考えていいんですね

1.に関しては、
動詞（「know」）の
あとにくる名詞や代名詞を
「目的語」といい、
代名詞の場合は
目的格が目的語になる

> 目的語 とるよ
> はーい
> 他動詞 — 目的語

> 目的語 いらない
> いやーん
> 自動詞 — 目的語

そして動詞のなかには、**目的語をとる動詞（他動詞）**と**とらない動詞（自動詞）**があるんだ

> ここだけは押さえよう！

他動詞と自動詞

1. 目的語を必要とする動詞（他動詞）
例　I have a pencil.　（私は**鉛筆を**持っている） 　　I know him.　（私は**彼を**知っている） 　　I play tennis.　（私は**テニスを**する）
2. 目的語を必要としない動詞（自動詞）
例　I go to school.　　（私は学校へ**行く**） 　　I swim in summer.　（私は夏に**泳ぐ**）

目的語をとるよ
他動詞

2つの動詞の違いを説明しよう。
1.の**「他動詞」は「〜を」「〜に」などの意味をもともとの動詞のなかに含んでいるよ。**
だから動詞のすぐあとに目的語を置くだけで、意味のある文ができるんだ

逆を言うと、
「私は持っている」(I have)、
「私は知っている」(I know)
「私はする」(I play)、
だけじゃ「意味不明」になるってこと

| 他動詞 |
| 目的語 |

この目的語は「〜を」と訳せばいいんですか？

そうだね。
「〜に」と訳すときもあるけど、「〜を」のほうがはるかに多い

他動詞を復習するときには「〜を持っている」のように「〜を」まで入れて覚え直したほうがいいよ!
あとで役に立つからね

目的語 いらない

自動詞

2.の**自動詞**の場合には
「私は行く」
「私は泳ぐ」だけでも
意味は通るよね

もっと内容を説明したかったら、
「to」や「in」などの**前置詞の力**を借りて、
「go to school」や「swim in summer」
などの形にすればいい

go　　　to　　　school
| 自動詞 | + | 前置詞 | + | 名詞 |

| 自動詞 |
| 前置詞 |
| 名詞 |

そうだね。
自動詞のあとには
「場所」や「時」
などを表す主語が
よく使われるよ

動詞のあとに
「前置詞＋名詞」
をくっつければ
いいんですね

所有代名詞について

This dress is **mine**.
⇒ この服は**私のもの**です。

所有代名詞

mine	私のもの
yours	あなた／あなたたちのもの
his	彼のもの
hers	彼女のもの
ours	私たちのもの
theirs	彼ら／彼女ら／それらのもの

「所有代名詞」は「〜のもの」という意味で、「mine」を含めて6つの語があることは紹介したよね（P.81参照）

所有代名詞

1. 所有格＋名詞＝所有代名詞（〜のもの）

例 This is my book. → This book is mine.
（これは**私の**本です）（この本は**私のもの**です）
This is his book. → This book is his.
（これは**彼の**本です）（この本は**彼のもの**です）

2. 名詞の所有代名詞（〜のもの）＝「〜's」

例 Tom's book(**トムの**本)＝Tom's(**トムのもの**)
※所有格と同じ形だが、あとに名詞がこない

3. 「whose」の2つの使い方

① Whose＋名詞〜？（〜は誰の…ですか？）
例 A：Whose book is this?(これは**誰の**本ですか？)
B：It is mine.(それは**私のもの**です)

② Whose 〜？　　　（〜は誰のものですか？）
例 A：Whose is this book?(この本は**誰のもの**ですか？)
B：It is mine.(それは**私のもの**です)

① This is your bag.
→ This bag is (　　　　).

② Is this her piano?
→ Is this piano (　　　　)?

③ This is my mother's book.
→ This book is my (　　　　).

④ This isn't their house.
→ This house isn't (　　　　).

⑤ Whose pencil is this?
→ (　　　　)(　　　　) this pencil?

※答えはページの下へ

ここで問題だよ。
2つの文が
同じになるように
(　) に適切な語
を入れてごらん

○ mother's … 母の（もの）
○ theirs … 彼らの（もの）
× their's

④は要注意だよ。
所有代名詞を
「your's / her's
　our's / their's」とする
カン違いはとても
多いから注意すること

③の「mother」に「'」をつけたの
でついつけてしまいそうですね…
気をつけなくちゃ

① yours ② hers ③ mother's ④ theirs ⑤ Whose is

Column 4 「ティーンエージャー」って何歳から何歳まで？

　日本で「ティーンエージャー(teenager)」と言えば、一般的に「10代」と思っている人が多いかもしれませんね。しかし、英語では12歳以下は「ティーンエージャー」には含みません。

　「ティーンエージャー」とは、「13歳から19歳までの少年・少女」のことを表します。なぜなら、語尾を見れば一目瞭然。「ティーン(-teen)」が付くのは「13 (thir<u>teen</u>)」から「19 (nine<u>teen</u>)」までだからです。

5 時間目

形容詞

副詞

プリティ・ウーマン 「形容詞」

> 「**形容詞**」の話をしよう。形容詞がどんなものかわかるかな？

> えーっと、red（赤い）big（大きい）new（新しい）とか…

> 人や物などの「性質・状態・大きさ」や「形・色などを表す語」ですね

どんなイメージですか？ 形容詞

「うつくしきもの　瓜にかきたる　ちごの顔」
かの清少納言も、『枕草子』の中で意識して形容詞を使っています。
言葉に豊かな表情を与えてくれるもの。
それが「形容詞」なのです。

形容詞の基本

She bought a **new** sweater.

⇒ 彼女は**新しい**セーターを買った。

「**形容詞**」の話をしよう。
形容詞がどんなものか
わかるかな？

えーっと、
red（赤い）
big（大きい）
new（新しい）
とか…

人や物などの
「性質・状態・大きさ」
や「形・色などを
表す語」ですね

そのとおりだね。
形容詞の使い方は2つあるよ。
1つは名詞のすぐ前に置いて
どのような名詞かを
説明する用法で、
もう1つは「is」など
be動詞のあとにくる用法だ

〈用法1〉
| 形容詞 | ＋ | 名　詞 |

〈用法2〉
| be動詞 | ＋ | 形容詞 |

POINT 19
形容詞の使い方

1. a(an)＋形容詞＋名詞（形容詞のあとに名詞がある）

例　a　　　car
　　a new car　**新しい**車

2. be 動詞＋形容詞（形容詞のあとに名詞がない）

例　This dog is big. この犬は**大きい**。　✕ This dog is a big.
　→ This is a big dog. これは**大きい**犬です（1.の用法）

②が「This dog is a big.」にならないのは「a / an」は名詞につけるべきものだから…ってことですね

①の形容詞はあとにある名詞（car）を説明し②の形容詞は主語（This dog）を説明してるんだ

では問題！　2つの文が同じ意味になるよう（　）に適切な語を入れてごらん

例
1. This pencil is red. → This is (　)(　) pencil.
2. That house is old. → That is (　)(　) house.
3. Is that a new camera? → Is that (　)(　)?
4. That is a very pretty rose. → (　)(　) is very pretty.
5. These books are interesting. → These are (　)(　).

※答えはページの下へ

ちなみに
発音が母音で始まる単語の前には「an」だからね！

① a red　② an old　③ camera new　④ That rose　⑤ interesting books many, much, few, little の使い方

She has **many** boyfriends.

⇒ 彼女にはボーイフレンドが**たくさん**いる。

うん、いいね〜。じゃあ、数量を表す語を表にしてみよう

はい！「much」や「little」です（P.76参照）

この前に水が「多い・少ない」はどう言うか説明したけど覚えてる？

数量を表す語

	多くの		少しの	ほとんどない	いくらかの	少しもない
数	many	a lot of	a few	few	some (any)	no
量	much	plenty of	a little	little		

上の段は「数えられる名詞」、下の段は「数えられない名詞」に使うよ

あっ！これ、中学時代に熟語として覚えました

a lot of
plenty of

「a lot of」と「plenty of」は、数えられる名詞にも数えられない名詞にも使うよ

そう、熟語として押さえておけばラクだね

「a」あり　　「a」なし

a few　　　few

a little　　little

「少しはある」　「ほとんどない」

肯定的　　**否定的**

あとは「few」と「little」は「a」をつけると「少しはある」という肯定的な意味になるし、「a」をつけないと「ほとんど〜ない」という否定的な意味になる

うん　正確には「some」の代わりに「疑問文」と「否定文」で使われるよ。「not 〜 any ＝ no」の形もチェックしておいてね

「any」は「疑問文」で使われるんでしたよね？

some ⟷ any

many / much / few / little

1. many / much

例 Are there **many** books in the library?
(図書館には**たくさんの**本がありますか？)
Is there **much** water in the pond?
(池には**たくさんの**水がありますか？)
※「many」には「are」、「much」には「is」を使う

2. a lot of

例 He has **a lot of** books.(彼は**たくさんの**本を持っている)
He has **a lot of** money.(彼は**たくさんの**お金を持っている)
※「a lot of」のかわりに「lots of, plenty of」も使える

3. a few

例 I have **a few** friends.(私には友だちが**少しはいる**)
I have **few** friends.(私には友だちが**ほとんどいない**)

4. a little

例 I have **a little** money.(私はお金を**少し**持っている)
I have **little** money.(私はお金を**ほとんど持っていない**)

5. some / any

例 I have **some** friends.(私には**何人かの**友だちがいる)
Do you have **any** friends?(あなたには友だちがいますか？)
I do**n't** have **any** friends.＝I have **no** friends.
(私には**1人も**友だちが**いない**)
There is **some** tea in the cup.(カップには紅茶がある)
Is there **any** tea in the cup?
(カップには紅茶がありますか？)
There is **not any** tea
in the cup.
(カップには**少しも**紅茶が**ない**)
＝There is **no** tea
 in the cup.

「some」と「any」はどちらも意味が弱いから日本語に訳す必要はないことが多いよ

そういえば「money」はどうして数えられないんですか!?
1000円、2000円って数えますけど…

うん　これはけっこうよく聞かれるんだけど、**「money」は硬貨と紙幣をひっくるめた抽象名詞だよ**
だから数えられないんだ

だけど硬貨なら1枚、2枚と数えられるから「coins」のように「s」がつくんだ

あともう1つわからないのは、「彼は親切です」を英語にするとどうして「He is kind.」になるんでしょうか？

○ He is kind.
× He is a kindness.

なるほど…

いい質問だね！

それは「be動詞」のはたらきがわかれば理解できるよ。次でしっかり説明しよう

だって「He is a student.」は「is」のあとに「student」という名詞がきていますよね？同じように「is」のあとには「kind」の名詞形「kindness」じゃないんですか？

be動詞のはたらき

This restaurant **is** very nice.

⇒ このレストランはとてもすてき**だ**。

POINT 20

「be動詞」のはたらき

1. 〜です（「be動詞」＋名詞）
例　He **is** a student.（彼は生徒**です**） He＝a student （彼＝生徒）

2. 〜です（「be動詞」＋形容詞）
例　He **is** kind.（彼は親切**です**）　×He is kindness. He　→　kind （彼 → 人に親切な状態、心の優しい性格の持ち主）

3. 〜に（…が）いる［ある］
例　He **is** here.（彼はここに**いる**） There **is** a book on the desk.（机の上に本が**ある**）

---

be動詞のはたらきはいくつかあるけど

1.の意味のときは**「be動詞」の前後の単語**が**「＝（イコール）」で結ばれる関係**だよ

主　語	＝	名　詞
He	is	a student.
彼	＝	生徒

He is kind.
≠
He is kindness.

ここでゆりさんが言うように、「He is kind.」（形容詞）を「He is kindness.」（名詞）にしたとしよう

すると「彼は親切そのものです」となってしまい、彼は人間ではなく「親切という抽象的なもの」となってしまって意味不明でしょう？

形容詞は人や物などの「性質・状態」を表す語だったよね？だから2.の場合は主語と形容詞が「＝」で結ばれるのではなく、**主語の性質や状態を表している**んだよ

| be動詞 | ＋ | 形容詞 |

2.の「kind」の場合は…？

POINT 21
～thing＋形容詞

I want something cold.
（私は**何か冷たいもの**がほしい）
→「**冷たい何か**」と考える
Would you have something cold to drink?
（何か**冷たい飲みもの**はいかがですか？）

ついでに、「～thing＋形容詞」の形もおさらいしよう。語順は逆だよ

副詞の基本

He works **hard**.

⇒ 彼は**熱心に**働く。

次は「**副詞**」だ。副詞について知っている単語をあげてごらん

なんでしたっけ…？
「hard（熱心に）」
「fast（速く）」
「very（とても）」
…かな？
副詞ってなんかややこしいかんじ…

大丈夫！このレッスンが終われば副詞が大好きになるよ！

副詞とは、
① **動詞**
② **形容詞**
③ **他の副詞を修飾する語**
のことをいうんだ

修飾
副詞
① 動詞
② 形容詞
③ 他の副詞

「修飾する」っていうのは、「語句を説明して意味をはっきりさせる」ということだね

POINT 22

副詞のはたらき

1. 動詞を修飾する

例　He studies English <u>hard</u>.（彼は英語を**熱心に**勉強する）

2. 形容詞を修飾する

例　She is <u>very</u> pretty.（彼女は**とても**かわいい）

3. 他の副詞を修飾する

例　He worked <u>very</u> hard.（彼は**とても**熱心に働いた）

なるほど！

つまり「hard」は「studies」を**修飾している**んですね？

①の例では「hard」がなくても意味は通じるけど、より詳しく説明するために「hard」をつけているんだね

そしてその hard はさらに「worked」という動詞を修飾しているってことなんですね！

②の very は「彼女がどれくらいかわいいか」を、③の hard は「彼がどれくらい熱心に働いたか」を説明しているよ

very

hard

頻度を表す副詞

I **sometimes** exercise.

⇒ 私は**ときどき**運動する。

---

① I am busy.
（私は忙しい）

② I get up at six.
（私は6時に起きる）

次は「always（いつも）」や「often（しばしば）」のような頻度を表す副詞に入ろう。次の文の適した場所に「always」を入れてごらん

こうかな？

① I am always busy.

② I always get up at six.

I am always〜 という語順はなんとなく覚えてたんですよね

そういう感覚は大事だよ！

いいね、大正解！

POINT 23
頻度を表す副詞

1.「be動詞・助動詞」の「直後」に置く

例　I am always busy.（私はいつも忙しい）
　　You must always go to bed before ten.
　　（あなたはいつも10時前に寝なければならない）

2.「一般動詞」の「直前」に置く

例　I always get up at six.（私はいつも6時に起きる）

3.「sometimes」⇒「文頭や文末」に置くこともある　＊強調のため

例　Sometimes he goes to church.（ときどき彼は教会へ行く）

頻度を表す副詞の置き場所には2つのルールがある

① be動詞・助動詞の直後と、
② 一般動詞の直前に置く
ということだ

先生！usuallyやoftenはどれくらいの頻度を表すんですか？

これはなかなかいい質問だね　目安としてはこんなところかな

always	…	100%
usually	…	80%
often	…	60%
never	…	0%

「形容詞」→「副詞」の変化

1.「good」と「well」

good　形　よい、上手な
well　副　よく、上手に

例　She is a <u>good</u> singer.（彼女は**上手な**歌手です）
　＝ She <u>sings</u> <u>well</u>.　　（彼女は**上手に**歌う）

2.「形容詞」と「副詞」が同じ形のもの

hard　形　熱心な　　副　熱心に
fast　形　速い　　　副　速く
early　形　早い　　　副　早く　　など

例　He is a <u>fast</u> runner.（彼は**速い**走者です）形
　＝ He runs <u>fast</u>.（彼は**速く**走る）副

3.「形容詞＋ly」のもの

kind（親切な）→　kind<u>ly</u>（親切に）
slow（遅い）　→　slow<u>ly</u>（遅く）　　など

4.「形容詞の語尾y」→「y」を「i」に代えて＋「ly」にするもの

happy（幸福な）→　happ<u>ily</u>（幸福に）
easy（簡単な）　→　eas<u>ily</u>（簡単に）　など

---

a good singer　　　⇔　sing well

a fast runner　　　⇔　run fast

a good swimmer　⇔　swim well

a good tennis player　⇔　play tennis well

これらは**同じ内容の文を**
「形容詞」と**「副詞」**で**言い換えて**いるよ
この形はしっかり押さえよう！

① Tom speaks English very good.
（トムは英語をとても上手に話す）
② Don't speak so fastly.
（そんなに速く話してはいけない）
③ Mary goes always there with me.
（メアリーはいつも私とそこへ行く）
④ He is a very well English speaker.
（彼はとても上手な英語の話し手だ）
⑤ His brother likes his car very well.
（彼の兄は自分の車がとても気に入っている）

＊答えはページの下へ

ここでちょっと復習しよう。次の文の誤り（あやま）を直してごらん

always go<u>es</u>

先生…alwaysがついてもgoesの「es」は消えないですよね？

消えないよ。どうしてそう思うの？

動詞の前に「may」があると「may go」のように動詞の原形になりますよね？だからなんとなくごっちゃになっちゃって

「may」などは助動詞！「always」は副詞！だから動詞も原形にならないよ。助動詞と副詞を混同しないようにね！

① good → well ② fastly → fast ③ goes always → always goes ④ well → good ⑤ well → much

Column 5 「親指」は指の仲間はずれ？

　日本語では手の指を「親指」「人さし指」「中指」…と、5本をすべて「指」で表しますが、英語で「finger」は「親指」を除いた他の4本をいいます。
「index finger [forefinger]（人差し指）」「middle finger（中指）」「ring finger（薬指）」「little finger（小指）」に「thumb（親指）」を加えるという考え方です。
　また、親指だけで携帯のメールを打ち続けられる今の若者たちには考えられないでしょうが、実は英語で「thumb」といえば「不器用」を象徴する単語なのです。

（例）I'm all thumbs.（私は不器用です）

6時間目

比較

感嘆文

グルメ or エステ 「比較」

> He is tall.
> 彼は背が高い。

> この文は「彼が背が高い」という意味だけど、これだけでは誰と比べて背が高いのか、どれほど高いのかわからないね

> 形容詞（P.94）と副詞（P.102）についてもう少し復習しよう

今、関心のあるのはA？ それともB？

「A店よりもB店のほうがすてき」「C店が一番よ」。
いずれにしても、必要なのは「比較」ですね。

比較の原級

Mary is **as** tall **as** Kate.

⇒ メアリーはケイトと同じ背の高さだ。

He is tall.
彼は背が高い。

この文は「彼が背が高い」という意味だけど、これだけでは誰と比べて背が高いのか、どれほど高いのかわからないね

形容詞（P.94）と副詞（P.102）についてもう少し復習しよう

He is taller than I.

彼は私よりも背が高い。

そこで、「〜よりも高い」「〜と同じくらい」という「**比較表現**」を使うんだ

He is as tall as I.
彼は私と同じくらい背が高い。
「as taller as」じゃ
ないんでしたっけ
「er」はつけないんだ
**AとBが同じ程度で
あることを表すときは
「比較級」ではなく
「原形」を使う**んだ
つまり「tall」に
「er」はつけない
A
B
次に「原級」を使った
表現を4つあげておいた
ので、復習しておこう

POINT 24
原級の使い方（同じ程度を表す）

1. as＋原級＋as ～ （～と同じくらい…）

例　He is　　tall．（彼は背が高い）
→ He is <u>as tall as</u> I．（彼は私**と**同じくらい背が高い）

例　He runs fast．（彼は速く走る）
→ He runs <u>as fast as</u> I．（彼は私**と**同じくらい速く走る）

2. not as [so]＋原級＋as ～ （～ほど…でない）

例　He is **not**　　tall．（彼は背が高くない）
→ He is <u>not as [so] tall as</u> I．（彼は私**ほど**背が高**くない**）

3. ―times as＋原級＋as ～ （～の一倍の…）

例　This river is <u>three times as</u> long <u>as</u> that one.
（この川はあの川**の3倍の**長さだ）

・twice as＋原級＋as ～ （～の2倍の…）
・half as＋原級＋as ～ 　（～の半分の…）

例　This river is <u>twice as</u> long <u>as</u> that one.
（この川はあの川**の2倍の**長さだ）

4. as＋原級＋as possible [―can]（できるだけ…）

例　He ran <u>as fast as possible</u>．
＝ He ran <u>as fast as he could</u>．
（彼は**できるだけ**速く走った）

3倍以上はすべて「～times」になるんですか？

その通り。
「half（半分）」「twice（2倍）」の他は「3倍、4倍、5倍…」とすべて「～times」になるよ

He ran as fast as he could.

4.の2つ目の例は「as」と「can」の間に「he」や「she」が入るんですね

そうだね。
「主格」が入るんだ。
それから動詞が過去形の場合は、「can」も過去形の「could」になるよ

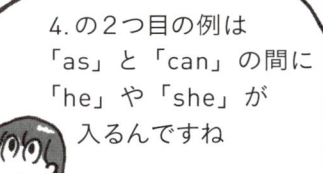

「as＋原級＋as ～」の作り方

He is **tall**.　＝ I am **tall**.
（彼は背が高い）　（私は背が高い）

He is　**tall**.
　　　　tall　　I am ☐ .

He is <u>as tall as</u> I (am).
（彼は私**と同じくらい**背が高い＝私と同じ背の高さ）

1.については、「as I」のもとの形を
「as I am tall」と考えればわかりやすくなると思うよ

結局「He is tall.」と「I am tall.」
という**同じ形の文を比較している**と
いうことになるからね

比較の比較級

Mary is **older than** Tom.
⇒ メアリーはトムよりも年上だ。

POINT 25
比較級（2人［2つの物］を比べる形）

1. *A*＋動詞＋比較級＋than＋*B*（AはBよりも…）

例 He is taller than I.（彼は私よりも背が高い）
He runs faster than I.（彼は私よりも速く走る）

2. Which [Who]…＋比較級, *A* or *B*?
　　　　　　（AとBと（では）どちらのほうが（より）…か?）

例 Which do you like better, tea or coffee?
（あなたは紅茶とコーヒーと、どちらのほうが好きですか?）
——I like coffee better.（コーヒーのほうが好きです）
例 Who can run faster, Tom or Bill?
（トムとビルと、どちらのほうが速く走れますか?）
——Bill can.（ビルです）

どれも身近な話題ばかりなので練習しやすそうですね
会話で使える表現が多いので、ぜひとも押さえてほしいところだね
Cafe
Which do you like better, tea or coffee?（あなたは紅茶とコーヒーとどちらのほうが好きですか？）
I like coffee better.（コーヒーのほうが好きです）

比較の最上級

Bill is **the tallest in** his class.

⇒ ビルはクラス**の中でいちばん**背が高い。

POINT 26
最上級（3人［3つの物］以上の中で1番を選ぶ）

1. (the+) 最上級＋of ［in］ 〜（〜の中でいちばん…）

① in＋「範囲・場所」を表す語
　in my class（私のクラスのなかで）
　in his family（彼の家族のなかで）
　in the world（世界中で）
　例　Tom is **the tallest in** his class.
　　　（トムはクラス**のなかでいちばん**背が高い）

② of＋「複数」を表す語（all・複数名詞・数など）
　of all（すべての人［物］のなかで）
　of all the boys（すべての少年のなかで）
　of the three（3人［3つ］のなかで）
　例　He runs **(the) fastest of** all the boys.
　　　（彼はすべての少年**のなかでいちばん**速く走る）

2. Which［Who］…＋(the+) 最上級, A, B or C? （A, B, Cの中でどれ［誰］がいちばん…か?）

　例　**Which is the largest,** Tokyo, Osaka **or** Nagoya?
　　　（東京、大阪、名古屋**のなかでどれがいちばん**大きいです**か?**）
　　　—— Tokyo is.（東京です）

(the) fastest

ここでアドバイスしたいことがいくつかあるよ！
1つは「(the) fastest」のように、**副詞の最上級には「the」をつけなくてもいい**ということ

もう1つは「all」と「the」を並べるときには必ず
「all the」の順にすること！
「the all」はダメだからね。
何度も唱えて覚えてしまおう

all the

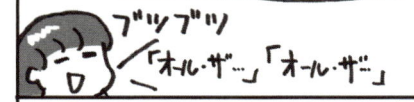

ブツブツ
「オール・ザ…」「オール・ザ…」

ここだけは押さえよう！

比較級の強調とlike+better / best

1. 比較級は「much」で強める　※原級は「very」

例　He is **very** tall.（彼は**とても**背が高い）
　→He is **much** taller than I.（彼は私より**ずっと**背が高い）

2. 動詞「like」はbetter（比較級）、best（最上級）を使う

※「well」の比較級（better）・最上級（best）。原級は「much」

例　I like tennis very **much**.（私はテニスが**とても**好きだ）
　→I like tennis **better** than baseball.（**比較級**）
　　（私は野球よりテニス**のほうが**好きだ）
　→I like tennis (the) **best** of all sports.（**最上級**）
　　（私はすべてのスポーツのなかで、テニスが**いちばん**好きだ）

比較級・最上級の作り方

Who are **the** ten **best** hitters?

⇒ ベストテンに入っている打者は誰ですか？

POINT 27
比較級・最上級の作り方

1. 原級＋-er / -est
例　tall(背の高い)→ taller → tallest　など
2.〈e〉の語尾＋-r / -st
例　large(大きい)→ larger → largest　など
3.〈子音字＋y〉の語尾→「y」を「i」に変えて＋-er / -est
例　happy(幸福な)→ happier → happiest　など
4.〈短母音＋子音字〉の語尾→子音字を重ねて＋-er / -est
例　hot(熱い)→ hotter → hottest　など
5-1. 3音節以上の長い語→ more / most＋原級
例　beautiful(美しい)→ more beautiful → most beautiful　など
5-2. 2音節の語の一部→ more / most＋原級
例　famous(有名な)→ more famous → most famous　など
5-3. 形容詞＋ly＝副詞になる語→ more / most＋原級
例　slowly(遅く)→ more slowly → most slowly　など
6. 不規則変化
例　good(よい) / well(よく)　→ better → best　※well 形 健康で
例　many(多数の) / much(多量の)　→ more → most
例　bad(悪い) / ill(悪く)　→ worse → worst　※ill 形 病気で
例　little(少量の)→ less → least

ところで4.の**「短母音」**ってなんだったか覚えてる?

もちろんです

ここの「-er / -est」も動詞の「s」や「ed」のつけ方と似てるところがいくつかある。

それらを参考にしながらチェックすると効率的だよ

短母音

つまり**短く発音する「ア・イ・ウ・エ・オ」**ですよね!

「アー、イー、ウー」と伸ばしたり、「アイ・オウ」などと重ねたりしない母音、

よく忘れないでいたね!

それならば君の手もとの辞書で「famous」を引いてごらん

でも5.の「音節」はちょっとわからないかも…

音 節

有名な
fa・mous

「fa」と「mous」の間に「・」がある「fa・mous」という形になってないかな？

なってます！

「famous」はこの「・」を境に2つの部分に分かれているので、**「2音節語」**というんだ

美しい
beau・ti・ful

次は「beautiful」を引いてごらん。こちらは3つに分かれているね

音節はこのように、**前後に多少とも切れ目が感じられる発音上の単位**をいうんだよ

3音節以上の長い語で
語尾が「-ful, -less, -ing, -ive」などの語は
「more/most」をつけるから押さえておいてね

ここだけは押さえよう!

「more / most」をつける単語

1. 3音節以上
例 difficult(難しい)
interesting(おもしろい)
important(重要な)
expensive(高価な)
popular(人気のある)

2. 2音節
例 careful(注意深い)
useful(役に立つ)
careless(不注意な)
honest(正直な)

「bad」の最上級「worst」や
「good / well」の最上級「best」は
よく聞く言葉だから覚えやすいわ♡

比較の書き換え

「最上級」を使った文は同じ内容を「原級」や「比較級」でも表現できるよ！

確認しよう！　比較の書き換え　その1

東京は日本でいちばん大きい都市だ。

① Tokyo is the largest city in Japan.
② Tokyo is the largest of all the cities in Japan.
③ Tokyo is larger than any other city in Japan.
④ No (other) city in Japan is larger than Tokyo.
⑤ No (other) city in Japan is as [so] large as Tokyo.

③の「any other＋単数名詞」で「any」が「いくらかの」という意味のときは「s」がつくけど、「どんな〜」の意味のときは「s」はつかないんですよね

最初はちょっと難しいかも…
だけど慣れればかんたんですね!

確認しよう! 比較の書き換え その2

He ＞ I

① He is <u>taller than</u> I.
 (彼は私**よりも背が高い**)
② I am <u>shorter than</u> he.
 (私は彼**よりも背が低い**)
③ I am <u>not as [so] tall as</u> he.
 (私は彼**ほど背が高くない**)

「No(other)」ではじまる文は
比較級・原級の単語を
最上級にして考えるようにしよう

「〜ほど…なものはない」
ってことは、それが1番って
ことだよね

感嘆文の作り方

What a beautiful flower this is!
⇒ これは**なんて**美しい花**なのだろう**！

感嘆文とは「感動」を表す文だよ

What a beautiful girl you are !

いやん先生ったら

次は**感嘆文**を説明しよう

私いまいち「What」と「How」の使い方に自信がないんです。何かコツとかあるんでしょうか？

How?　　What?

例

1. She is a very pretty <u>girl</u>.
 → What a pretty <u>girl</u> she is!
 (彼女はなんてかわいい<u>少女</u>なのだろう！)

2. She is very pretty.
 → How pretty she is!
 (彼女はなんてかわいいのだろう！)

なるほど！

例を見ると、1.は感嘆文に書き換える前の文に「名詞」が入っているけど、2.はどこにもないよね？
つまり、**名詞のある・なしが「What」と「How」ではじまる文の構文の大きな違い**なんだ

きちんと理解するにはやはり中学のときに練習した「書き換え」が大事なんだ！
軽〜く復習しておこう！

POINT 28
感嘆文への書き換えの順序

1.「very」に( )をつけて消す
She is a (very) pretty girl.
She is (very) pretty.
2.「very」の直後にある「形容詞+名詞」を探す
(a)ある場合 ⇒ What ~ !
(b)ない場合 ⇒ How ~ !
3-①.「形容詞+名詞」を「What」の直後につける
What a pretty girl ~ !
3-②.「形容詞」または「副詞」を「How」の直後につける
How pretty ~ !
4. 文頭にある「主語+動詞」を3.の直後につける
What a pretty girl she is!
How pretty she is!

「名詞」の入っている文を感嘆文にするときには「What」を、「名詞」の入っていない文は「How」を使えばいいんですね

そう。
「名詞」を見つけることが何よりのポイントだよ!

書き換え問題は
とても大事だから
一度はやったほうがいいよ

例

① This car is very nice.
（この車はとてもすてきだ）

② That is a very old house.
（あれはとても古い家だ）

③ He is running very fast.
（彼はとても速く走っている）

⬇

① How nice this car is!

② What an old house that is!

③ How fast he is running!

なるほど！

②の文の「an」は
母音のoldの前なので、
「a old〜」ではなく
「an old〜」なんですね！

One Point Lesson ★

「What」と「How」の書き換え

同じ内容の文を「What」でも「How」でも表現できるよ。ただし「What」ではじめるときは、必ず**「形容詞＋名詞」**をつけようね

確認しよう！　「What」⇔「How」

1. What a long pencil this is!
   （これは**なんて**長い鉛筆**なのだろう**！）
   ＝ How long this pencil is!
   （この鉛筆は**なんて**長い**のだろう**！）

2. What a fast runner he is!（彼は**なんて**速い走者**なのだろう**！）
   ＝ How fast he runs!
   （彼は**なんて**速く走る**のだろう**！）

3. What a good swimmer he is!
   （彼は**なんて**上手な泳ぎ手**なのだろう**！）
   ＝ How well he swims!
   （彼は**なんて**上手に泳ぐ**のだろう**！）

4. What a good tennis player he is!
   （彼は**なんて**上手なテニス選手**なのだろう**！）
   ＝ How well he plays tennis!
   （彼は**なんて**上手にテニスをする**のだろう**！）

Column 6 「食事」イロイロ

「食事」は一般的には「meal」といいます。「朝食（breakfast）」「昼食（lunch）」「夕食（supper [dinner]）」のように一定の時間にとる食事のことです。「食事をする」の「する」は「have」を使うので、「私は朝食をとっています」は「I'm having breakfast.」です。「food」は「食物」を意味する一般的な語で、「food and drink（飲食物）」や「fast food（ファストフード）」「Japanese food（日本食）」などの使い方をします。最後に「dish」は「皿に盛った料理」を表し、「main [side] dish（主[副]菜）」「Curry and rice is my favorite dish.（カレーライスは私の大好物です）」などの使い方をします。

7時間目

受動態

疑問詞

愛されるよりも愛したい 「受動態」

> 受動態…「受け身」ですね

> 今日は「受動態」の話をしよう

目標に向かって進んでいますか？

猪突猛進(ちょとつもうしん)、おおいに結構です。
でも、ちょっと待ってください。
2歩進んでは立ち止まる。
たまにはそんな「受け身」の姿勢も必要なのでは…。
あなたの人生にも心の余裕を！

能動態と受動態

This letter **was written by** Tom.

⇒ この手紙はトム**によって**書か**れた**。

コマ1: 今日は「受動態」の話をしよう／いくよー

コマ2: 受動態…「受け身」ですね／ボス

コマ3: そうだね。まずは、「能動態」と「受動態」の違いから説明しよう

コマ4: ところでゆりさんは誰か好きな芸能人はいるかい？／えーと俳優のトマキさん！かっこいいです〜♡／きゃー／えっ

能動態

トマキさん

そうですね♡

ではわかりやすいよう、トマキさんを例に出して考えてみようか。**能動態**の文の場合、

Mr. Tomaki loves you.
（トマキさんはあなたを愛している）
は、動作を行う「トマキさん」を中心に物事を考えているね

受動態

私…!?

でも、言っている内容は変わらない。会話のなかでも多く用いられる表現方法だよ

ところが**受動態**というのは、動作の受け手であるゆりさんのほうにスポットライトがあてられ、
You are loved by Mr. Tomaki.
（あなたはトマキさんに愛されている）
のように、立場が逆転してしまう

能動態と受動態

be動詞＋過去分詞＋by 〜（〜によって…される）
- （現在）is / am / are
- （過去）was / were

　　　　　　（主語）　　（動詞）　　（目的語）
（能動態）　　He　　　wrote　　this letter.

（受動態）This letter　was written　by him.
　　　　　（主語）　（be動詞＋過去分詞）（by＋目的語）
　　　　　（この手紙は彼によって書かれた）

この図は中学校の教科書で見た覚えがあります〜

この文頭の主語が文末へ、
文末の単語が文頭へ、
真ん中の1語の動詞が
「be動詞＋過去分詞」という
「矢印」の方向は、イメージとして
目に焼きつけておこう！
練習として、次の例を受動態に
書き換えてみよう

動詞の過去形に気をつけてね

例

① Everybody loves her.（誰もが彼女を愛している）
② She cleaned this room.（彼女はこの部屋をきれいにした）

※答えは次ページの下へ

※目的語については「人称代名詞の目的格」をみてね！→P.86

えーっと、
①は「her」（彼女を〜）
②は「this room」（この部屋を〜）ですね

受動態を作るための第1歩は、**「目的語を見つけること」**だよ

さっきの文の目的語はわかるかな？

能動態の動詞を「be動詞＋過去分詞」にかえて、最後に「by＋能動態の主語」をくっつければ受動態の完成だ

そう、もし目的語がなければその文章は受動態にできないよ。目的語があったらその目的語を主語にして、

POINT 29

「能動態」から「受動態へ」

1. 能動態の「目的語」を「主語」に（代名詞の目的格は主格に）する
2. 「現在」「過去」「未来」「助動詞の有無」を確認する
3. ①現在の場合　⇒　is [am / are] ＋過去分詞
   ②過去の場合　⇒　was [were] ＋過去分詞
   ③未来の場合　⇒　will be ＋過去分詞
   ④助動詞の場合　⇒　can [may / must など] be ＋過去分詞
4. 「by＋能動態の主語」を（主格は目的格に）最後にくっつける

右ページの答え
① She is loved by everybody.　② This room was cleaned by her.

> by ＋目的格が
> 省略される場合

English **is spoken** in Canada.

⇒ 英語はカナダで**話されている**。

受動態は、目的語さえ見つかればあとはカンタンなんだ。
次の①〜③の文を受動態に言い換えてごらん

例

① Tom will do the work.（トムはその仕事をするだろう）
② We can see tigers in the zoo.
（私たちは動物園でトラを見ることができる）
③ You must drive the car more carefully.
（あなたはもっと慎重に車を運転しなければならない）

うーんと…
こうでしょうか？

① The work will be done by Tom.
② Tigers can be seen in the zoo by us.
③ The car must be driven more carefully by you.

うん、なかなかよくできてるよ！
ただ、②の「by us」はいらないんだ

あれっ？
省略するんでしたっけ？

②では主語の「We」が「**一般の人々**」を表してるから、「**by us**」**が省略される**んだ。
ほかには、前後関係から行為者が推測できたり、
逆に行為者がわからなかったりする場合も「by us」をつけないよ！
次の文を見てみてね

例

④ **They** sell suger at that shop.
→Suger is sold at that shop.
（砂糖はあの店で売られている）

⑤ **They** speak English in Canada.
→English is spoken in Canada.
（英語はカナダで話されている）

④と⑤のTheyは誰だと思う？

④はお店の人、
⑤はカナダに住んでる人…
だから、カナダの国民ですね

その通り！
省略する理由がわかるでしょ？

「will be」や「can be」のところを
わかりやすく説明してみようか。
さきほどの例③の文章を
もう一度見てほしい

例

You drive the car.
↓
The car is driven by you.（be動詞＋過去分詞）
↓
The car must be driven by you.（助動詞＋原形）

受動態の基本形は
「be動詞＋過去分詞」だよね

「助動詞のあとは
動詞の原形」
だよね

例文の「is driven」は
その前に「must」が
あるから、
must be drivenになると
いうわけ

受動態を作るためにも過去分詞は
知っておかないといけないんですね。
「不規則動詞変化表」（→P.36〜37）
しっかり復習しなくちゃ！

目的語が2つある場合

She **was given** this present **by** Tom.

⇒ 彼女はトム**に**このプレゼント**を**もらった。

動詞のなかには、**目的語を2つとるもの**もある

giveやteachなど

そういう文章のときは、それぞれの目的語を主語にして、2通りの受動態を作ることができるよ

ここだけは押さえよう！

人に物を〜する

1. 主語＋動詞＋人＋物

例 He gave <u>her</u> <u>this book</u>.（彼は彼女にこの本をあげた）
　　→ She was given this book by him.

2. 主語＋動詞＋物＋to[for]＋人

例 He gave **this book** to **her**.
　　→ This book was given to her by him.

あれ？
2つの目的語は
①と②では順番が
逆になってますね…

そうなんだ。
「人に物を〜する」と
いう意味の動詞は
2つの目的語の
順序を入れかえる
ことができる

to...? for...?
使い分けがややこしい
です〜！

ただ、「人＋物」の順序を
逆にするときは、
「物 to 人」「物 for 人」
のように、
「to」や「for」が
必要なので注意しようね

大丈夫！
じつは動詞によって
「to」と「for」の使い方は
決まっているんだよ

「to」と「for」を使う動詞

1. 「to」を使う動詞（動作の方向「〜に向かって」）

例　give（与える）, lend（貸す）, send（送る）
　　show（見せる）, teach（教える）, tell（話す）など

2. 「for」を使う動詞（利益「〜のために」）

例　buy（買う）, cook（料理する）
　　get（手に入れる）, make（作る）など

※どれも「for」を入れると、「〜してあげる」という意味をもつ。

コツはまず2.の**「for」を使う動詞**を押さえてしまうこと！残りは「to」を使えばいいからね

でもなんだかいっぱいある〜いい覚え方はないですか？

forを使う動詞

料理を作る
・cook
・make

食べ物を買って…
・buy
・get

覚えやすいです〜

注意してほしいのは、「for」を使う動詞はふつう「人を主語とした受動態」は作れないということ

「I was made〜」や「She was cooked〜」などは「私は作られた」「彼女は料理された」となってしまい不自然だからね

受動態の否定文と疑問文

By whom was America discovered?
⇒ 誰によってアメリカは発見されたのか？

```
能動態
  ↓
ふつうの文（肯定文）
  ↓
受動態
  ↙   ↘
否定文   疑問文
```

受動態の「否定文」や「疑問文」を作るときは、いきなり受動態にしないでふつうの文（肯定文）に直してから変化させること

けっこう面倒なんですね！

もちろん慣れるまでの話だよ。慣れれば頭のなかで一発で変換できるようになるさ！

大丈夫！

えー

確認しよう！ 受動態の「否定文」と「疑問文」

1. 否定文

例　You **don't [didn't] use** this pencil.
　　（あなたはこの鉛筆を使わない[なかった]）
　　→ You **use [used]** this pencil.　　　　　　　　**(肯定文)**
　　→ This pencil **is [was] used** by you.　　　　　**(受動態)**
　　→ This pencil **isn't [wasn't] used** by you.　**(受動態の否定文)**

2. 疑問文

例　**Do [Did]** you **use** this pencil?
　　（あなたはこの鉛筆を使いますか[ましたか]？）
　　→ You **use [used]** this pencil.　　　　　　　　**(肯定文)**
　　→ This pencil **is [was] used** by you.　　　　　**(受動態)**
　　→ **Is [Was]** this pencil **used** by you?　　　**(受動態の疑問文)**

例　**When did** he **build** the house?
　　（彼はいつその家を建てましたか？）
　　→ He **built** the house.　　　　　　　　　　　　**(肯定文)**
　　→ The house **was built** by him.　　　　　　　　**(受動態)**
　　→ Was the house **built** by him?　　　　　　　　**(受動態の疑問文)**
　　→ **When was** the house **built** by him?　　　**(疑問詞)**

例　**What did** he **eat**?
　　（彼は何を食べましたか？）
　　→ He **ate what**.　　　　　　　　　　**(肯定文)**
　　→ **What was eaten** by him?　　　　　**(受動態の疑問文)**

例　**Who discovered** America?
　　（誰がアメリカを発見しましたか？）
　　→ America **was discovered by whom**.　　　**(受動態)**
　　→ **By whom was** America **discovered**?　　**(受動態の疑問文)**

> 熟語の受動態の作り方

I **was laughed at by** him.

⇒ 私は彼に笑われた。

例

① He laughed at me.
（彼は私を笑った）

② She took care of her baby.
（彼女は赤ちゃんの世話をした）

↓

① I was laughed by him.

② Her baby was taken care by her.

> ゆりさん、この文章を受動態に直してみて

> うーんとこうですか？

> うーん！残念

> 「at」や「of」の前置詞を勝手にとってはいけないよ

例の解答

① I was laughed at by him.

② Her baby was taken care of by her.

> 正解はこうなる

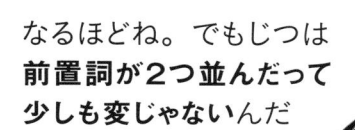

前置詞が２つ続く
「at by」や「of by」
はおかしいと思ったんですが…

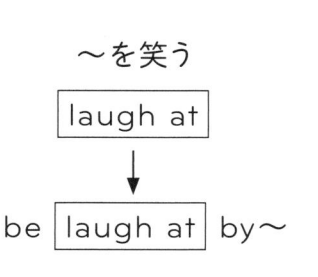

なるほどね。でもじつは**前置詞が２つ並んだって少しも変じゃないんだ**

〜を笑う

| laugh at |

↓

be | laugh at | by〜

２つや３つの語からなる熟語も、１語の単語もまったく同じ扱いをするんだよ

〜の世話をする

| take care of |

↓

be | take care of | by〜

前置詞も勝手に省略しちゃダメなんですね〜

> by以外を使う受動態

I **was surprised at** the news.

⇒ 私はその知らせに驚いた。

行為者を表す「by（〜によって）」のかわりに「at / to / with」などが使われる場合もある

でもこれは数が限られているから、この際熟語として覚えてしまおう！

「by」以外を使う受動態

1. The ground **is covered with** snow.
   （地面は雪で**おおわれている**）
2. I **am interested in** baseball.
   （私は野球に**興味をもっている**）
3. The doctor **is known to** everyone.
   （その医者はみんな**に知られている**）
4. I **am satisfied with** my school.
   （私は学校**に満足している**）
5. I **was surprised at** the noise.
   （私はその物音**に驚いた**）
6. This desk **is made of** wood.
   （この机は木**でできている**）
7. Butter **is made from** milk.
   （バターは牛乳**から作られる**）

先生、質問です！

⑥と⑦はほとんど同じ意味なのに、なぜ「of」と「from」で使い分けてあるんですか？

うん、ここはわかりにくいところだけど…

「バター」 など**表面を見ただけでは「材料」がわからない場合は「from」**

from

「机」 など**一見して「材料」がわかる場合には「of」** を使うんだ

of

疑問詞の基本

Where are you from?
⇒ ご出身はどちらですか？

次は「**疑問詞**」にいこうか

疑問詞といえば「**5W1H**」ですネ！

はーい！

その通りよく知ってるね♪

完璧な説明だね（笑）。
5W1Hは文章や会話の基本になるとても大事な道具なんだ。
次に会話例を紹介するから、練習するといいね

「5W1H」は
「**When（いつ）**」「**Where（どこで）**」
「**Who（誰が）**」「**What（何を）**」
「**Why（なぜ）**」「**How（どうやって）**」の
6つの単語の頭文字をとったものです！

疑問詞

1. When（時）「いつ」
A: **When** will the concert begin?
　（コンサートは**いつ**はじまりますか?）
B: **At 7:00.**（**7時**です）

2. Where（場所）「どこ」
A: **Where** does your uncle live?
　（あなたのおじさんは**どこ**に住んでいますか?）
B: He lives **in Tokyo.**（**東京に**住んでいます）

3. Who（人）「誰」
A: **Who** is in the park?
　（公園にいるのは**誰**ですか?）
B: **Tom** is.（**トム**です）

4. Whose（人）「誰の」
A: **Whose** bicycle is this?
　（これは**誰の**自転車ですか?）
B: It's（= It is）**mine.**（**私の**です）

5. What（物）「何」
A: **What** do you want for your birthday?
　（誕生日に**何が**ほしいですか?）
B: I want **a camera.**
　（**カメラ**がほしいです）

6. What（人）「何をする人（職業・身分）」
A: **What** is your father?
　（あなたのお父さんの**職業は**何ですか?）
B: He is **a teacher.**（**先生**です）

7. Why（理由・目的）「なぜ」

A: **Why** were you absent yesterday?
（昨日は**なぜ**休んだのですか？）
B: **Because** I was ill.
（病気だった**から**です）（**理由**）
A: **Why** did you go to Paris?
（**なぜ**パリへ行ったのですか？）
B: **To** study art.
（美術を勉強**するため**です）（**目的**）

8. Which「どちら」

A: **Which** is larger, Tokyo or Nagoya?
（東京と名古屋では、**どちら**が大きいですか？）
B: **Tokyo** is.（**東京**です）

9. How（方法・手段）「どのように」

A: **How** did you get home yesterday?
（昨日は**どのようにして**帰宅したのですか？）
B: **By taxi**.（**タクシーで**帰りました）

10. How many（数）「どれくらい」

A: **How many** people are there in the tennis club?
（テニス部には、**どれくらいの**人たちがいますか？）
B: **About 10**.（約10人です）

11. How much（量・金額）「いくら」

A: **How much** is it to Tokyo Station?
（東京駅まで**いくら**ですか？）
B: **200 yen**.（200円です）

12. How old (年齢)「いくつ」

A: **How old** is he? (彼は何歳ですか?)
B: He's (= He is) **eighteen**. (18歳です)

13. How tall (身長)「どれくらい」

A: **How tall** are you?
　(**身長はどれだけ**ありますか?)
B: **About 170 cm**. (約170センチです)

14. How high (高さ)「どれくらい」

A: **How high** is that mountain?
　(あの山は**どれだけの高さ**がありますか?)
B: It's (= It is) **about 5,000 meters high**.
　(約5,000メートルです)

15. How long (期間・長さ)「どれくらい」

A: **How long** did you live in Kyoto?
　(京都に**どれくらい**住んでいましたか?)
B: **For three years**. (3年間です)

16. How often (頻度・回数)「どれくらい」

A: **How often** do you play tennis?
　(どれくらいテニスをしますか?)
B: **About once a month**. (月に約1回です)

17. How far (距離)「どれくらい」

A: **How far** is it from here to the station?
　(ここから駅まで、**どれくらいの距離**がありますか?)
B: It's (= It is) **about one kilometer**.
　(約1キロです)

Column 7 「under5」は5が含まれる？

「under」は「〜歳未満」の年齢を表すときに使います。たとえば「children of under five(5歳未満の子ども)」は5歳を含みません。もし5歳を含めた「5歳以下の子ども」を表したければ、「children of five and under」となります。

これに対して、「〜歳以上」の年齢を表すには「children of over five(5歳以上の子ども)」と「over」を使います。

また、形容詞的に使う場合には中央に「ハイフン」を入れて、「under-ten soccer team(10歳未満の子どものためのサッカーチーム)」のようにも使えます。

8 時間目

不定詞
動名詞

「不定詞」七変化

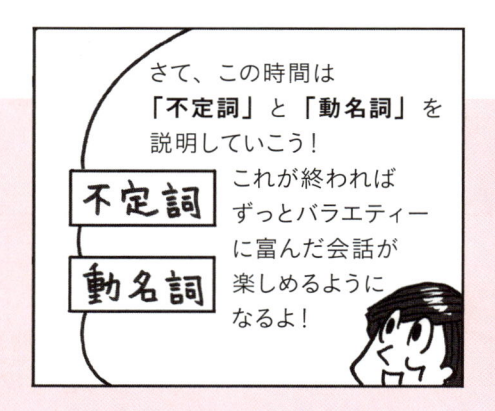

> さて、この時間は「不定詞」と「動名詞」を説明していこう！
>
> 不定詞
> 動名詞
>
> これが終わればずっとバラエティーに富んだ会話が楽しめるようになるよ！

忘れていませんか？ "7つの顔"

不定詞で7種類の会話をエンジョイできます。
中学時代、こんな思いをしませんでしたか？
「不定詞ってわかりにくい！」でも、難しく考えることはありません。
単に「to＋動詞の原形」のことなのですから。
不定詞を使いこなして、バラエティーに富んだ会話を楽しみましょう！

> 名詞と同じはたらきをする不定詞

My dream is **to be** a movie star.

⇒ 私の夢は映画俳優**になること**だ。

不定詞は用法がたくさんあってわかりにくいかんじです〜

さて、この時間は「**不定詞**」と「**動名詞**」を説明していこう！

不定詞
動名詞

これが終わればずっとバラエティーに富んだ会話が楽しめるようになるよ！

よく似ている 不定詞 と 動名詞 は比較しながら学習すればわかりやすいかもしれないね

まずは 不定詞 の3つの用法を確認していこう

POINT 30

不定詞：to＋動詞の原形

1. 名詞と同じはたらき（〜すること）
2. 副詞と同じはたらき（〜するために、〜して）
3. 形容詞と同じはたらき（〜するための、〜すべき）

まず①について考えよう。
「名詞と同じはたらき」のとき、
「to＋動詞の原形」は…

- **主語**
- **目的語**
- **補語**

になるということだよ

ここだけは押さえよう！

名詞と同じはたらきをする不定詞

1. 主語になる（〜することは）

例 English is easy.（英語はやさしい）
  To study English is easy.（英語を勉強することはやさしい）

2. 目的語になる（〜することを）

例 I like English .（私は英語が好きだ→英語を好む）
  I like to study English .（私は英語を勉強するのが好きだ→することを好む）

3. 補語になる（〜することだ）

例 He is a teacher .（彼は先生だ）
  My hobby is to collect stamps .（私の趣味は切手を集めることだ）

He is <u>a teacher</u>.
彼は先生だ。
He is <u>kind</u>.
彼は親切だ。

(補語)

補語…って何でしたっけ？

簡単に言うと「**主語の意味を補う語**」、「**主語がどんな人であるか説明する語**」だよ

前ページの例を見てほしい。本来は名詞を置くべき「主語・目的語・補語」のところにすべて「to＋動詞の原形」が入ってるよね？

本当だ！図で見ると文のしくみが一目でわかりますね♡

①と③はisを中心とした特徴的な形をしているね。また②の形ではここに示した動詞がよく使われるからチェックだよ！

確認しよう！

名詞と同じはたらきをする不定詞

① To ____ is ____.　　　　　（〜することは）

② ⎡ like ⎤
　 ｜ want ｜ to ____　　　（するのが好きだ）
　 ⎣ begin / start ⎦　　　　（〜したい）
　　　　　　　　　　　　　　（〜しはじめる）

③ ____ is to ____.　　　　　（〜することだ）

> 副詞と同じはたらきをする不定詞

I am glad **to see** you.
⇒ 私はあなたに**会えて**うれしい。

ここだけは押さえよう！

副詞と同じはたらきをする不定詞

1. 目的を表す（〜するために）

例　I came here to play tennis.（**動詞を修飾**）

（私はテニスを**するために**ここへ来た）

※go（行く）、come（来る）などの自動詞がよく使われる

2. 原因・理由を表す（〜して）

例　I was surprised to hear that.（**形容詞・過去分詞を修飾**）

（私はそれを**聞いて驚いた**）

※be glad[happy] to〜（〜してうれしい）、be surprised to〜（〜して驚く）などの感情を表す形容詞や過去分詞がよく使われる

これらの「to＋動詞の原形」の不定詞は**「目的」**や**「原因・理由」**をはっきりさせるためにつけ加えたものと考えるといいんじゃないかな

> 形容詞と同じはたらき
> をする不定詞

I want something **to drink**.

⇒ 私は何か**飲み**物がほしい。

ここだけは押さえよう！

形容詞と同じはたらきをする不定詞

名詞・代名詞の直後に置かれ、その名詞・代名詞を修飾する

① I want **something** to eat.

（私は**何か食べる物**（**食べるための何か**）がほしい）

② I have **time** to play tennis.

（私は**テニスをする時間**（**するための時間**）がある）

③ He has no **house** to live in.

（彼は**住む家**（**中に住むための家**）がない）

「〜thing＋形容詞」
の形ですね！
（P.101参照）

形容詞は「a new car」（**新しい車**）
のように、名詞の前に置くのが
ふつうだけど、**名詞のあとに置く場合**も
あったよね。覚えてる？

それと同じように、形容詞と同じはたらきをする不定詞の大きな特徴は、**名詞や代名詞直後の「to＋動詞の原形」が、あとから名詞や代名詞を修飾する**ことだよ

これは「〜thing＋形容詞」の形だけじゃなくて、次のような単語のときによく出てくる

book(本)／house(家)／time(時間)／money(お金)／など

ここだけは押さえよう！

1.は「hot」を「to drink」の後に置かないようにね！
3.の不定詞に前置詞がつく形は「中に」「上に」など、頭の中で意味を考えながら理解しよう

形容詞その他

1. 不定詞と形容詞がともにつく場合
→「〜thing＋形容詞＋不定詞」の語順で

例 Give me **something** <u>hot</u> to drink.
（何か熱い飲み物をください）

3.「to+動詞の原形」の直後に前置詞がつく場合

例 <u>live on</u> a house ⇒ a house <u>to live in</u>
　（家に住む）　　　　（住む家＝**中に**住む**ための**家）

例 <u>sit on</u> a chair ⇒ a chair <u>to sit on</u>
　（いすに座る）　　　（座るいす＝**上に**座る**ための**いす）

例 <u>play with</u> a friend ⇒ a friend <u>to play with</u>
　（友だちと遊ぶ）　　　（**遊び友だち**
　　　　　　　　　　　　　＝<u>いっしょに</u>遊ぶ<u>ための</u>
　　　　　　　　　　　　　友だち）

疑問詞＋不定詞の形

I don't know **what to** make.
⇒ 私は**何を**作っ**たらよいか**わからない。

POINT 31
疑問詞＋不定詞

1. how to 〜（〜のしかた）
例 I learned **how to** make a doll.
（私は人形の**作り方**を習った）

2. what to 〜（何を〜したらよいか）
例 I don't know **what to** do.
（私は**何を**したらよいかわからない）

3. which to 〜（どちらを〜したらよいか）
例 She didn't know **which to** choose.
（彼女は**どちらを**選んだらよいかわからなかった）

4. when to 〜（いつ〜したらよいか）
例 Please tell me **when to** sit down.
（**いつ**着席**したらよいか**教えてください）

5. where to 〜（どこへ〜したらよいか）
例 He didn't know **where to** go.
（彼は**どこへ**行ったらよいかわからなかった）

「疑問詞＋to〜」は
「know（〜を知っている）」や
「learn（〜を学ぶ）」の
目的語となることが多いよ！

動詞＋人＋不定詞の形

She **asked** me **to** help her.
⇒ 彼女は私に手伝うように頼んだ。

POINT 32

動詞＋人＋不定詞（to＋動詞の原形）

1. want＋人＋to 〜（人に〜してもらいたい）

例 I <u>want you to</u> study.
（私は**あなたに**勉強してもらいたい）

2. tell＋人＋to 〜（人に〜するように言う）

例 He <u>told me to</u> get up early.
（彼は**私に**早く起きる**ように**言った）

3. ask＋人＋to 〜（人に〜するように頼む）

例 I <u>asked him to</u> help me.
（私は**彼に**手伝ってくれる**ように**頼んだ）

---

1. について、次の２つの文を比較しながら説明しよう

例
① I want to buy a book.（I buy＝私が買う）
（私は本を買いたい）
② I want <u>you</u> to buy a book.（You buy＝あなたが買う）
（私はあなたに本を買ってもらいたい）

①と②の文の違いはわかるかな?

はい。①は本を「私が買う」のに対して、②は本を「あなたが買う」ということですよね?

うん、そうだね

② I want <u>you to buy</u> a book.
   　　　　↑
   　　意味上の主語

つまりここの「you」は不定詞「to buy」の**意味上の主語**になり**①と②では本を買う人が逆になる**んだね

P.161の例文だと、
2. は「早く起きる」のが「私」で、
3. は「私を手伝う」のが「彼」になるってことですね!

2. He told <u>me to get up</u> early.
   　　　　　↑
   　　　意味上の主語

3. I asked <u>him to help</u> me.
   　　　　　↑
   　　　意味上の主語

POINT 33

その他の不定詞を使った表現

1. too＋形容詞［副詞］＋to＋動詞の原形

＝ so＋形容詞［副詞］＋that＋主語＋can't 〜
（あまりに…なので〜できない）

例　I am <u>too</u> tired <u>to</u> walk.
　＝I am <u>so</u> tired <u>that</u> I <u>can't</u> walk.
　　（私は**あまりに**疲れている**ので**歩け**ない**）

2. How long does it take to＋動詞の原形〜？

（〜するのにどのくらい時間がかかりますか？）

例　How long does it take to get to the library?
　　（図書館まで**どのくらい時間がかかりますか**？）

前から順！

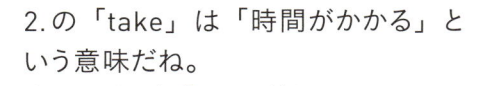

「too…to〜」は後ろから前に訳すと
「〜するにはあまりに…すぎる」だけど、
前から順に「あまりに…なので〜できない」と
訳したほうがわかりやすいかもね

2.の「take」は「時間がかかる」と
いう意味だね。
主語は必ず「it」を使うけど、
「それ」とは訳さないので気をつけて！

It takes time to〜
（〜するには時間がかかる）

動名詞の基本

I **enjoy** sing**ing** in karaoke boxes.

⇒ カラオケボックスで歌うの**は楽しい**。

動名詞

ええっと…
なんとなくですが
「動詞」と「名詞」を
くっつけた、
両方のはたらきを
するかんじ？

不定詞の次は
動名詞だ。
動名詞って…
どんなはたらきを
すると思う？
この字を見ながら
考えてごらん

そういうこと！

ここだけは押さえよう！

動名詞：動詞の原形＋ing

動詞＋名詞＝動名詞（名詞と同じはたらき）

動詞	動名詞
go（行く）	going（行くこと）
make（作る）	making（作ること）

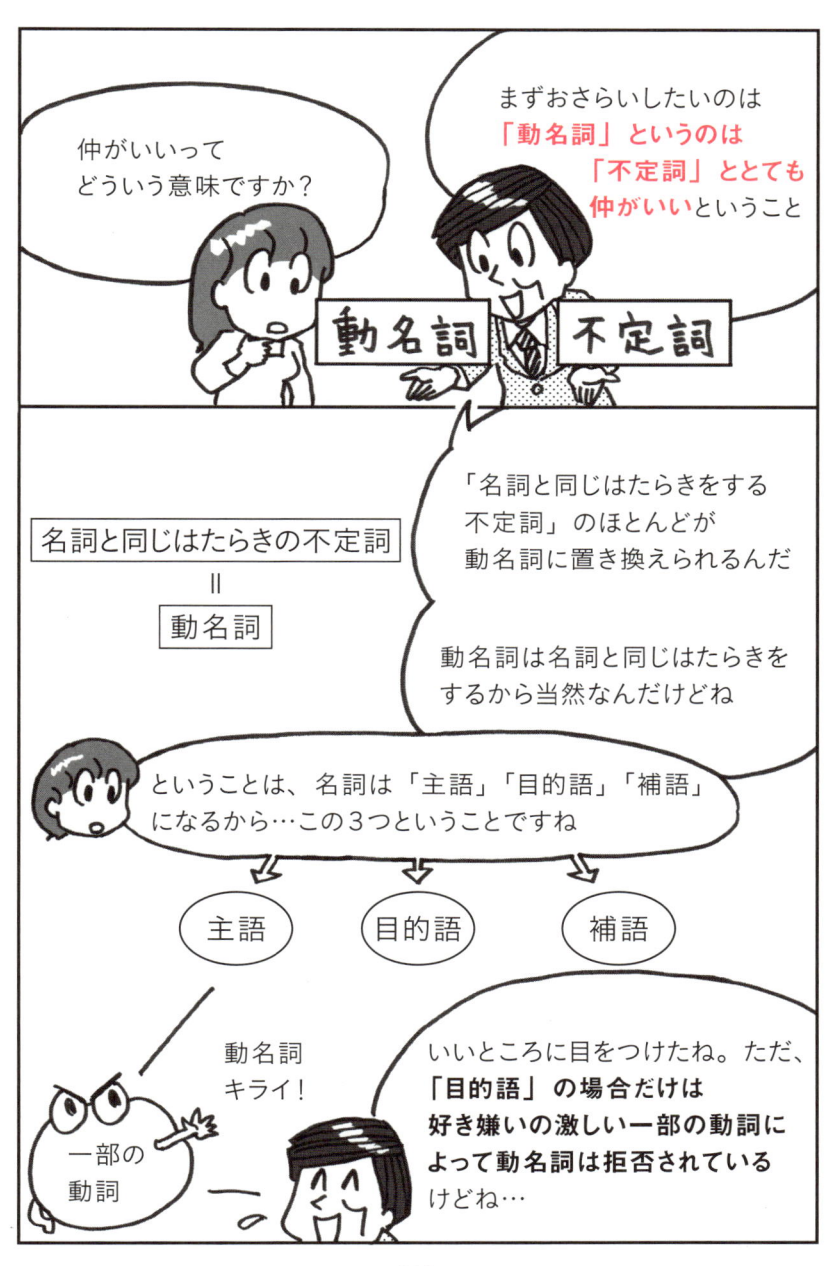

仲がいいって
どういう意味ですか？

まずおさらいしたいのは
「動名詞」というのは
「不定詞」ととても
仲がいいということ

動名詞　不定詞

名詞と同じはたらきの不定詞
＝
動名詞

「名詞と同じはたらきをする
不定詞」のほとんどが
動名詞に置き換えられるんだ

動名詞は名詞と同じはたらきを
するから当然なんだけどね

ということは、名詞は「主語」「目的語」「補語」
になるから…この３つということですね

主語　　目的語　　補語

動名詞
キライ！

一部の
動詞

いいところに目をつけたね。ただ、
**「目的語」の場合だけは
好き嫌いの激しい一部の動詞に
よって動名詞は拒否されている**
けどね…

例 《主語の場合》

① To study English is easy. 不定詞
   ⇅
② Studying English is easy. 動名詞

（英語を**勉強することはやさしい**）

例文を見てみよう。
どちらも「勉強する」という単語を入れて
文を作りたいのだけど、
「study」は入れられない。
動詞は主語にならないからね！　そこで…

動詞を名詞に変身させて主語にする

To study　　　　　　　　　Studying

①は頭に帽子「To」をかぶり、
②はおしりにしっぽ「ing」をつけることで
名詞に変身させるんだ。
どちらも同じ意味だから、
「不定詞」と「動名詞」がお互いに
交換できることはわかるよね

なるほど！　これは補語の場合も
同じなんですね…！

例 〈目的語の場合〉

① I <u>like</u> to study English. 不定詞

② I <u>like</u> studying English. 動名詞
（私は英語を**勉強するのが**好きだ）

③ ○ I <u>want</u> to study English. 不定詞
（私は英語を**勉強したい**）

④ × I <u>want</u> studying English.

ただし、例文①②の「like」は「不定詞」と「動名詞」両方と仲よくできるけど、③④の「want」は「動名詞」と相性がよくないんだ

そういえば逆に動名詞としか仲良くなれない動詞もありましたね！「mind」「enjoy」「finish」とか…

よく覚えてるね！
ところで、動名詞についてもう1つ押さえておきたいのは、
動名詞は「前置詞の目的語になる」ということ。
つまり**前置詞のあとには必ず名詞がくる**んだ。
だから、もし前置詞の直後に動詞を置きたいときは、その動詞を動名詞に変える必要があるよ。
例をあげるとこんな感じだ

I am fond <u>of</u> <u>studying</u> English.

> ここだけは押さえよう!

動名詞／不定詞をとる動詞

1.「動名詞」としか仲よくできない動詞

(enjoy / finish / mind など)

例 I **enjoyed** play**ing** tennis.（私はテニスを**楽しんだ**）
He **finished** writ**ing** a letter.（彼は手紙を書き**終えた**）
Do you **mind** wait**ing for** me?
（私を待って**くれませんか？**）

2.「不定詞」としか仲よくできない動詞

(want / wish / hope / decide など)

例 I **want to buy** a CD player.
（私はCDプレーヤーを**買いたい**）

I **hope to go** there again.　（私は再びそこへ**行きたい**）
He **decided to be** a writer.
（彼は作家に**なろうと決心した**）

3.「動名詞」と「不定詞」の両方と仲よくできる動詞

(like / love / begin / start など)

例 I **like** play**ing** [**to play**] the piano.
（私はピアノを弾くのが好きだ）
He **began** clean**ing** [**to clean**] his room.
（彼は自分の部屋を**掃除しはじめた**）
It **started** snow**ing** [**to snow**].（雪が降りはじめた）

4.「動名詞」と「不定詞」では意味が異なる動詞

①stop 〜ing（〜することをやめる）
 stop to 〜（〜するために立ち止まる）

例 He **stopped** smok**ing**.（彼は**たばこを吸うのをやめた**）
He **stopped to smoke**.
（彼は**たばこを吸うために立ち止まった**）

②remember 〜ing（過去に〜したことを覚えている）
　remember to 〜（未来に〜することを覚えている）

例　I **remember** see**ing** him.
　　（私は彼に**会ったことを**覚えている）
　　Please **remember to mail** this letter.
　　（**忘れずにこの手紙を出してください**）

③forget 〜ing（過去に〜したことを忘れる）
　forget to 〜（未来に〜することを忘れる）

例　I'll never **forget** visit**ing** this museum.
　　（私はこの博物館を**訪れたことを決して忘れ**ないだろう）
　　Don't **forget to lock** the door.
　　（ドアに**かぎをかけるのを忘れる**な）

ボクたちは動名詞としか仲よくできません！

不定詞しか好きじゃありません！

まぁまぁ…人間社会でも同じようなことはあるけドネ。ハハハ

どっちとも仲よくしてくれれば悩まなくてラクなのに！つきあい悪いんだから〜

不定詞と動名詞の比較

不定詞 to＋動詞の原形	動名詞 動詞の原形＋ing
①名詞としてのはたらき （〜すること）	①名詞としてのはたらき （〜すること）
(1)主語になる 例 To study English is easy. （英語を**勉強すること**はやさしい）	(1)主語になる 例 Studying English is easy. （英語を**勉強すること**はやさしい）
(2)補語になる 例 My hobby is to collect stamps. （私の趣味は切手を**集めること**です）	(2)補語になる 例 My hobby is collecting stamps. （私の趣味は切手を**集めること**です）
(3)目的語になる 例 I like to study English. （私は英語を**勉強する**のが好きだ） like / love / begin / start	(3)目的語になる 例 I like studying English. （私は英語を**勉強する**のが好きだ） like / love / begin / start
例 I want to study English. （私は英語を勉強したい） want / wish / hope / decide	例 I enjoyed playing tennis. （私はテニスを楽しんだ） enjoy / finish / mind
②副詞としてのはたらき (1)目的を表す 　（〜するために） (2)原因・理由を表す 　（〜して）	②前置詞の目的語になる （前置詞のあとに置く）
③形容詞としてのはたらき （〜するための）	例 I am fond of studying English. （私は英語を**勉強する**のが好きだ）

9 時間目

現在完了

付加疑問文　間接疑問文

英語にあって日本語にないもの　「現在完了」

> なんだかよくわからない〜
> そうだろうね…
> 現在完了にはずいぶん悩まされた記憶があります…
> 現在完了
> さて今日は「現在完了」を説明しよう
> げんざいかんりょう〜？

現在完了は「過去」のこと、それとも「現在」のこと？

「過去」から「現在」までの動作・状態を表現する「現在完了」。
その起点となる過去のある日を、そっとのぞいてみたいものですね。
ドラえもんの「どこでもドア」で小さな冒険を！

継続を表す現在完了

I **have known** her for a year.

⇒ 私は1年前から彼女を**知っている**。

さて今日は「現在完了」を説明しよう

げんざいかんりょう〜？

現在完了

現在完了にはずいぶん悩まされた記憶があります…

そうだろうね…

なんだかよくわからない〜

現在完了は日本語にはない英語独特の表現方法なんだ。簡単に定義づけると、**「過去のある動作・状態の結果が現在に残っている」**ことを表すよ

過去　現在

現在完了は**過去のことではなく、現在のことを中心にした表現**なんだよ

つまり、**話者は過去の事実を述べながら、必ず「今」の立場に立っているんだ**

POINT 34
現在完了の基本形

1. 肯定文
have [has] ＋過去分詞〜
2. 否定文
have [has] ＋ not ＋過去分詞〜
3. 疑問文
Have [Has] ＋主語＋過去分詞〜？ 　Yes, 主語＋have [has]. 　No, 主語＋haven't [hasn't].

現在完了には4つの使い方があるけど…

最もわかりやすい**「継続」**から復習しておこう

現在完了の「継続」

継続：過去のあるときから現在まで、同じ状態が続いていることを表す

　　（今まで）ずっと〜している　［である］
　　（今まで）〜し続けている

|過去| I was busy yesterday.　　|現在| I am still busy.
　　（私は昨日忙しかった）　　　　　　　（私はまだ忙しい）
　　　　|過去の事実|　　　　　　　　　　　|現在の状態|

|現在完了| I have been busy since yesterday.
　　　（私は昨日からずっと忙しい）

例　I haven't seen him since last month.
　　（私は彼に先月から会っていない）
　　I haven't seen her for a long time.
　　（私は彼女に長い間会っていない）
　　How long have you been in Japan?
　　（あなたはどのくらい日本に滞在しているのですか？）

■「継続」でよく使う語句
　　since（〜以来）／for（〜の間）
　　How long 〜 ?（どのくらいの期間〜か？）　　など

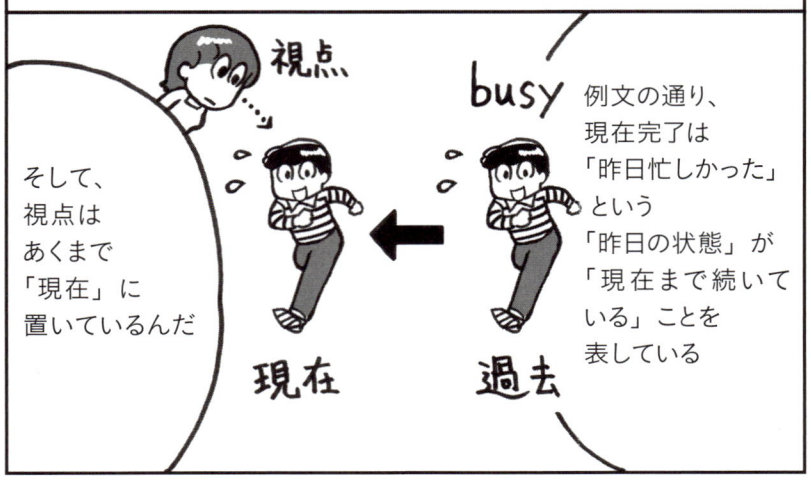

そして、視点はあくまで「現在」に置いているんだ

例文の通り、現在完了は「昨日忙しかった」という「昨日の状態」が「現在まで続いている」ことを表している

そうだね。
次の例を見てみよう

現在完了は現在の文ではないけれど、現在を含む文と考えればいいんですね

現在

例

過去　① I **lived** in Tokyo **three years ago**.
（私は**3年前**東京に**住んでいた**）［過去の事実］

現在　② I **still live** in Tokyo.
（私は**まだ**東京に**住んでいる**）［現在の状態］

①＋②

現在完了　③ I **have lived** in Tokyo **for three years**.
（私は**3年間**東京に**住んでいる**）

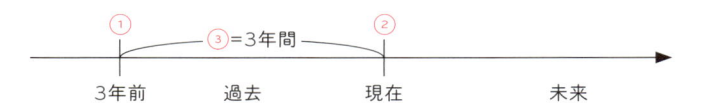

```
    ①      ③＝3年間    ②
────┼───────────────┼────────────→
  3年前    過去       現在       未来
```

わかった！！

①「過去」や②「現在」の文は「**点**」を表しているってことなんですね

③の「現在完了」の文は、3年前の過去から現在まで引き続き東京に住んでいる…つまり「**線**」を表しているんだ

経験を表す現在完了

Have you ever been to Greece?

⇒ あなたはギリシャ**へ行ったことがありますか**？

> ここだけは押さえよう！

現在完了の「経験」

経験：過去から現在までの経験を表す
　（今までに）〜したことがある

1. have [has] been to 〜（〜へ行ったことがある）

例　I **have been to** New York **before**.
　（私は**以前に**ニューヨーク**へ行ったことがある**）

2. Have [Has]＋主語＋ever＋過去分詞〜？（今までに〜したことがありますか？）

例　**Have** you **ever** read this book?
　（あなたはこの本を読んだ**ことがありますか？**）

3. How many times 〜？（何回〜したことがありますか？）

例　**How many times** have you been to New York?
　（あなたは**何回**ニューヨークへ行った**ことがありますか？**）

■「経験」でよく使う語句

　ever（今までに、かつて）／never（一度も〜しない）
　before（以前に）／often（しばしば）
　once（1回）／twice（2回）／〜 times（〜回）　など

「経験」もあくまで「現在」の立場から述べていることを忘れずに

1.から3.の形は、「よく使う語句」といっしょにしっかり押さえておこう

ところで先生…
現在完了の「疑問文」はこの形にはならないんですよね。
それはなぜですか？

×Do you have been to 〜 ?

それはね、**現在完了で使う「have」は「助動詞」だから**なんだ

現在完了の have ＝ 助動詞

そう

助動詞？

助動詞の疑問文
・Can you～？
・May I～？
・Have you been～？

助動詞の「can」「may」が主語の前に出て、疑問文になるのと同じことだからね

なるほど

そのとおり

でも「持っている」という意味で「have」を使うときは、haveが動詞だから、疑問文では「do」を使うんですよね？

have ＝持つ

同じ理由で、現在完了形の文を否定文にするときも、「don't have [do not have]」などを使わず「haven't [have not]」を使うよ

×don't have　　×doesn't have
○haven't　　　○hasn't

> 完了を表す現在完了

The concert **has already started**.

⟹ コンサートは**もうはじまっていた**。

現在完了の「完了」

完了：動作が今、完了したことを表す
 　　　（今）〜したところだ、〜してしまった

例 I have <u>just</u> written a letter.
（私は**ちょうど**手紙を書き終えたところだ）
I have <u>already</u> written a letter.
（私は**もう**手紙を書き終えてしまった）
Have you written a letter <u>yet</u>?
（あなたは**もう**手紙を書き終えてしまいましたか？）
I haven't written a letter <u>yet</u>.
（私は**まだ**手紙を書き終え**ていない**）

■「完了」でよく使う語句
just（ちょうど）／already（もう）／yet（もう、まだ）

「完了」も、「手紙を書き終えた」状態が今も続いていると考えれば同じことだね。これも、基準はやはり**現在**にあるんだ

過去 → 現在
手紙を書き終えた　手紙を書き終えた

「完了」を表す文ではこの3つの語がよく使われるんだけど、これらが置かれる位置について復習しておこう

just / already / yet

確認しよう！ just / already / yet の位置

1. just / already / never ⇒ have [has]と過去分詞の間

have [has] just
have [has] already ＋過去分詞
have [has] never

2. yet ⇒ 文末

Have [Has]＋主語＋過去分詞〜＋yet?
have [has]＋<u>not</u>＋過去分詞〜＋yet

（肯定文）just　　　（ちょうど〜したところだ）
（肯定文）already　（もう〜してしまった）
（疑問文）yet　　　（もう〜してしまったか？）
（否定文）not 〜 yet　（まだ〜していない）

「I already have〜」ってついやってしまいそうです…

その位置は間違いだから気をつけて！
alreadyなどは、
「haven't」の「not」と同じ位置に置くと
覚えるといいよ

結果を表す現在完了

Spring **has come**.
⇒ 春が**きた**。

現在完了の「結果」

結果：過去の動作の結果が現在も残っていることを表す
　〜してしまって（その結果、今は）〜である
　〜してしまった、〜になった、〜した

|過去| He **went** to America.　　|現在| He **isn't** here **now**.
（彼はアメリカへ行った）　　　　　（彼は今ここにいない）
　　|過去の事実|　　　　　　　　　|現在の状態|

|現在完了| He **has gone** to America.
（彼はアメリカへ行ってしまった）
⇒（そして、今ここにいない）

現在完了の「**結果**」の例文を説明するよ。この文は「アメリカへ行った」結果として、現在「ここにいない」という意味が表されているんだ

「He went to America.」は「過去の事実」とありますけど、彼は今どこにいるんですか？

なかなかい質問だね！
この文は「過去の事実」を述べただけで、
現在のことには触れていないよね？
つまり、**単なる過去形の文からは現在のことはわからない**んだ

過去の事実
⇨ He went to America.

例

① She has become a teacher.
（彼女は先生になった ⇒ 今も先生である）

② I have lost my watch.
（私は時計をなくしてしまった ⇒ 今それを持っていない）

③ The doctor has come.
（医者が来た ⇒ 今もまだ家にいる）

①が過去形の
「She became a teacher.」
だったら、
「もしかしたら今は先生を
やめているかもしれない」ということだね

過去形と現在完了って
そんな違いがあったんですね〜！
これからはもっと
現在完了形を使ってみようっと！

さて、次は現在完了形の重要表現だよ

なかでもとくに
「have [has] gone to（結果）」と
「have [has] been to（経験）」は
よく比較して
押さえておくようにね

ふむふむ

「現在完了」の重要表現

1. [結果]　have [has] gone to ～

〜へ行ってしまった ⇒ 今ここにいない

例　He has gone to America.
（彼はアメリカへ行ってしまった ⇒ 今ここにいない）

2. [経験／完了]　have [has] been to ～

①[経験]　〜へ行ったことがある

例　He has been to America.
（彼はアメリカへ行ったことがある）

②[完了]　〜へ行ってきたところだ

例　I have been to the library.
（私は図書館へ行ってきたところだ）

3. have [has] been in ～

①[継続]　ずっと〜にいる

例　I have been in Tokyo for three years.
（私は3年間ずっと東京にいる）

②[経験]　〜にいたことがある

例　I have been in London.
（私はロンドンにいたことがある）

現在完了で
使えない語句

I **met** him at the party **just now**.

⇒ **たった今**、彼にパーティーで**会った**。

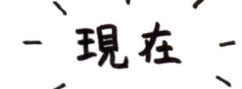

現在

現在完了は
「現在のことを中心にした表現」と
何度も言ったよね

だから、**現在完了は
はっきり過去を表す語句と
いっしょには使えない**んだ

yesterdayや
last year
など…

ここだけは押さえよう！

現在完了で使えない語句

when（いつ），yesterday（昨日），〜 ago（〜前）
last 〜（この前の〜），just now（たった今）など

1. あなたはいつこのカメラを買いましたか?

○ **When** did you **buy** this camera?
× When have you bought this camera?

2. 私は昨日このカメラを買いました。

○ I **bought** this camera **yesterday**.
× I have bought this camera **yesterday**.

過去を表す「yesterday」や「〜ago」「last〜」はよくわかるんですけど…「When〜?」や「just now」はなぜダメなんですか?

それはね

「When?」
↓
「yesterday」
「three weeks ago」
「last week」

ゆりさんが答えるときのことを考えてごらん。
「When 〜?」と聞かれたら、
「yesterday」や
「three weeks ago」
「last week」などと
考えるはずだね

つまり、**疑問詞の「when」は「特定の日時（＝点）」を聞いている**わけで、「線」を表す現在完了と一緒には使えないんだ

また、「just now」は「たった今バスが出たところ」でわかるように、「ちょっと前に」という意味になる。つまり「過去」だね。現在完了形は「今」が基準だから、実はこれもダメなんだ

※ちなみに「〜since（以来）」を使った表現は現在完了形と一緒に使えるよ！

> 「for」と「since」の使い分けがわからない人が多いようだけど、君は大丈夫かな？
>
> じつは下のように理解すればとても簡単なんだよ

POINT 35

「for」と「since」の使い分け

1. for＋ある特定の期間（〜の間）
(two days / five years など)
2. since＋過去の具体的なあるとき（〜以来、〜から）
(yesterday / last year など)

■ 見分け方

→迷ったら、「for」と「since」の両方を入れてみる。

例1　I haven't seen him (**for**) **five years**.
　　　（私は彼に**5年間**会っていない）

例2　I haven't seen him (**since**) **last month**.
　　　（私は彼に**先月以来**会っていない）

例1に「since」を入れる⇒「5年以来」
例2に「for」を入れる　⇒「先月間」
→どちらも日本語として意味不明になってしまう！

be動詞の付加疑問文

It's nice today, **isn't it?**
⇒ 今日はいい天気**ですね**。

> 文の形は次のようになるので、しっかり確認してほしい

> 〜ですよね？

> 〜であるからして…

付加疑問文というのは、相手に念を押したり、同意を求める文だよ

POINT 36
付加疑問文の基本

```
………,    〜n't  +  主語？
        (短縮形)    (代名詞)
```

①肯定文…, 否定の付加疑問？(〜ですね)
例 Tom is busy, isn't he? (トムは忙しいですね)

②否定文…, 肯定の付加疑問？(〜ではありませんね)
例 Tom isn't busy, is he? (トムは忙しくありませんね)

※否定の付加疑問は「短縮形」を使う。
　また、付加疑問の主語は「代名詞」を使う。

POINT 37
be動詞の付加疑問文

	肯定＋否定の付加疑問？	否定＋肯定の付加疑問？
現在	is ⇒ , isn't ～?	isn't ⇒ , is ～?
	are ⇒ , aren't ～?	aren't ⇒ , are ～?
過去	was ⇒ , wasn't ～?	wasn't ⇒ , was ～?
	were ⇒ , weren't ～?	weren't ⇒ , were ～?

さて、では be動詞の付加疑問文の作り方だよ

「n't」

この場合は「n't」をつけたり取ったりするだけだから簡単だね。
ただし、付加疑問文の主語を「代名詞」に変えることを忘れないように！

名詞を代名詞に変えてみよう！

① your camera ② her parents ③ Tom and Mary
④ his mother ⑤ your father ⑥ the children
⑦ Mr. Smith ⑧ that river ⑨ Jane ⑩ her sister

※答えはページ下

「your」や「her」にまどわされずに残りの名詞だけ見ればカンタンですね！

答え：① it ② they ③ they ④ she ⑤ he ⑥ they ⑦ he ⑧ it ⑨ she ⑩ she

一般動詞の付加疑問文

You went to the movies yesterday, **didn't you?**

⇒ 昨日、あなたは映画を見に行き**ましたね**。

POINT 38

一般動詞の付加疑問文

	肯定＋否定の付加疑問？	否定＋肯定の付加疑問？
現在	goなど ⇒ , don't 〜?	don't ⇒ , do 〜?
	goesなど ⇒ , doesn't 〜?	doesn't ⇒ , does 〜?
過去	wentなど ⇒ , didn't 〜?	didn't ⇒ , did 〜?

否定形 → 疑問形

「一般動詞」の「肯定文ではじまる文」は「否定の疑問形」をあとにつけるから、まず「否定形」を作り、次に「疑問形」を作る方法で進めよう

その際、代名詞じゃない主語は最初から「代名詞」に変えておくこと！

では、この文を「否定文」→「疑問文」→「付加疑問文」の順に変えてごらん

You like playing tennis, (　)(　)?
あなたはテニスをするのが好きですね?

ええっと、まずは「否定文」→「疑問文」だから…

You don't like playing tennis.（否定文）
Don't you like playing tennis?（疑問文）
↓
You like playing tennis, **don't you**?

付加疑問文はこうなりますね♡

そのとおり!

ちなみに、「否定文ではじまる文」の場合はただ「n't」をとればいいのでかんたんだよ。
You don't like playing tennis.
↓
You don't like playing tennis, do you?

助動詞の付加疑問文

Mary can drive, **can't she?**

⇒ メアリーは車を運転**できますね**。

POINT 39

助動詞の付加疑問文

	肯定＋否定の付加疑問？	否定＋肯定の付加疑問？
現在	can ⇒ , can't 〜? など	can't ⇒ , can 〜? など
過去	could ⇒ , couldn't 〜? など	couldn't ⇒ , could 〜? など
未来	will ⇒ , won't 〜?	won't ⇒ , will 〜?
現在完了	have [has]＋過去分詞 ⇒ , haven't [hasn't]〜?	haven't [hasn't]＋過去分詞 ⇒ , have [has] 〜?

「助動詞」の場合も
「be動詞」と同じようにカンタンで、
「won't」以外は「(n)'t」をつけたり
取ったりするだけでいいよ。
現在完了の「have [has]」は
「don't [doesn't]」にしないようにネ！

例

① Your father can't swim, (　)(　)?
（あなたのお父さんは泳げませんね）

② Tom will come here soon, (　)(　)?
（トムはまもなくここに来ますね）

③ Mary hasn't finished her homework,
(　)(　)?
（メアリーは宿題をやり終えていませんね）

付加疑問文に変えてごらん

「can't」は「can」、「your father」は「he」になるから、

① Your father can't swim, (**can**)(**he**)?

次は、「will not」の短縮形を使って…

② Tom will come here soon, (**won't**)(**he**)?

最後の「hasn't」は「has」、「Mary」は「she」だから…

③ Mary hasn't finished her homework,
(**has**)(**she**)?

OK　その調子！

付加疑問文は「最初の文」と「付け加える文」とが逆の形になるので、「（肯定・否定）（否定・肯定）のルール」と覚えておくことが大事だよ

命令文とLet's〜の付加疑問文

Let's dance, shall we?
⇒ 踊りませんか？

POINT 40
「命令文」と「Let's」の付加疑問文

1. 命令文 ⇒ 命令文〜, will you? (〜してくれませんか)

※「肯定文」「否定文」のどちらでも同じ形になる

[肯定] **Open** the window, will you?
（窓を開けてくれませんか？）

[否定] **Don't open** the window, will you?
（窓を開けないでくれませんか？）

2. 「Let's〜.」の文 ⇒ Let's, shall we? (〜しましょうか)

例 **Let's** go to school, shall we?
（学校へ行きましょうか？）

あとに付け加える「付加疑問形」は
Will you open the window? や
Shall we go to school? と
似た形だからわかりやすいでしょ？

なるほど〜

間接疑問文の作り方

I don't know
where she lives.

⇒ 私は**彼女がどこに住んでいるのか**知らない。

POINT 41
間接疑問文の基本

know ┐
wonderなど ┘ ＋疑問詞＋主語（＋助動詞）＋動詞
「～を知っている、～かしら」

① Who is he?（彼は誰ですか？）
　I know who he is.（私は彼が誰なのか知っている）

② Where does he live?（彼はどこに住んでいるのか？）
　I wonder where he lives.（彼はどこに住んでいるのかしら）

間接疑問文というのは**疑問詞で始まる疑問文が他の文に組みこまれた形**をいうよ

普通の疑問文とは違って直接相手に何かを尋ねているわけではないんですね

主語と動詞の語順が逆になるんですね

そうだね
「I know」や「I wonder」などのあとに「疑問文」を付け加えるときは疑問文以下が「ふつうの文の形」にかわってしまうんだ

主語　動詞

例

① **Where** did you live?（**一般動詞過去**）
I know <u>where</u> you lived.（どこに住んでいたのか）

② **What** can you do?（**助動詞**）
I know <u>what</u> you can do.（何ができるのか）

③ **What** are you doing now?（**現在進行形**）
I know <u>what</u> you are doing now.（何をしているのか）

④ **When** was it broken?（**受動態**）
I know <u>when</u> it was broken.（いつ壊されたか）

⑤ **Where** has he gone?（**現在完了**）
I know <u>where</u> he has gone.（どこへ行ってしまったのか）

⑥ **Who** came?（**疑問詞が主語**）
I know <u>who</u> came.（誰が来たか）

⑥の疑問詞が主語になる場合は間接疑問文になってもその語順は変わらないよ

ifを使った間接疑問文

I wonder **if he will come here tomorrow**.

⟹ 彼は明日ここに来る**かしら**。

> 疑問詞を使っていない疑問文を間接疑問文に変えるには、疑問詞のかわりに「if」を使えばいいんだよ

> 残りの手順は同じだからかんたんですね♡

POINT 42

「if」を使った間接疑問文

know
wonderなど] ＋if＋主語（＋助動詞）＋動詞
「（〜かどうか）知っている、〜かしら」

① Do you **know if** he is free?
 （あなたは彼がヒマ**かどうか**知っていますか？）
② I **wonder if** it will rain tomorrow.
 （明日雨が降る**かしら**）

10 時間目

関係代名詞

分詞

英語の達人への扉 「関係代名詞」

> かんけいだいめいし！中学の頃から苦手でした〜

> いよいよこれで最後だね！
> まずは「関係代名詞」を復習しよう

複雑な印象だけど、しくみがわかればカンタン！

みなさん、ここまでお疲れさまでした。
この章は、英語通になりたい人だけ読み進めてください。
9時間目までの内容を押さえただけで、中学英語の復習は十分なのです。
でも…、そんなことをいわれると、余計ページをめくってみたくなりますね。
"禁断の扉"を開けて、「知的英語」を楽しみましょう！

主格の関係代名詞

This is a car **which** was made in Germany.

⇒ これはドイツ製の車です。

いよいよこれで最後だね！

まずは「**関係代名詞**」を復習しよう

かんけいだいめいし！中学の頃から苦手でした〜

関係代名詞

でも、大丈夫！1つひとつ復習すれば必ず理解できるようになるからね。**すべての基本は中学英語にあるんだよ!!**

ゆりさんみたいに関係代名詞からつまずいちゃって、「英語アレルギー」になる人は多いんだよね

実は私ら苦手だったよ

関係代名詞は、2つの文をくっつける"接着剤"のようなはたらきをする語なんだ

① I have a friend.
② He lives in London.

たとえばこれら2つの文の場合、最初に「私には友だちがいる」と伝えておいて、あとから「（彼は）ロンドンに住んでいる」と加えて詳しく説明しているね

この2つの文の橋渡しをするのが「関係代名詞」なんですね

では実際に関係代名詞を使って2つの文を1つにくっつける練習をしようか

2つの文を1つにするには、次の3つの段階を踏むよ。まず①と②の文の中から**「同じ人」を意味する語を見つけてそれぞれに下線を引き、**

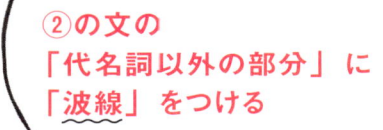

②の文の「代名詞以外の部分」に「波線」をつける

① I have a friend.

② He lives in London.

↓

① I have <u>a friend</u>.

② <u>He</u> lives in London.

このとき下線を引いた箇所は必ず
①の文は「**名詞**」、
②の文は「**代名詞**」になっているはずだ。
左の場合は、どれとどれに下線を引いたらいいと思う?

名詞と代名詞ですから…
「<u>a friend</u>」と「<u>He</u>」ですか?

そうだね! そして、波線部は lives in London. になるよ。
ではここで、「格の変化」を確認しておこう

関係代名詞の変化

	主　格	所有格	目的格
人	who	whose	whom
物・動物	which	whose	which

ここで思い出してほしいのは、**「人」と「物」では使う"接着剤"が違うことだよ。**「所有格」だけは同じものを使うけどね

ではさっきの続きだよ。
次は、**②の文の代名詞を同じ格の関係代名詞と入れかえる**んだ。
このとき、「格」に注意してね

① I have <u>a friend</u>.
② <u>He</u> <u>lives in London</u>.

who

わかりました！
「He」は人間で「主格」だから
関係代名詞は「who」ですね？

そのとおり！ 最後に①と②の離れた短い**下線をつないで、1本の長い線にするよ。**②の関係代名詞以下の文（波線部）は、前の名詞をあとから修飾するので、必ずいっしょに連れていくこと！ これで完成だよ

なーんだ！

案外かんたんでよかった〜！

例の解答

① I have **a friend**. ② **He** lives in London.

I have **a friend**.   **who** lives in London.

I have **a friend who** lives in London.
（私にはロンドンに住んでいる友だちがいる）

① I have a dog.
② It runs very fast.

では次の例文で今やったのと同じことをしてごらん

えーっと…犬は物と同じだったから、下線は「a dog」と「It」で、波線部は「runs very fast」ですね

① I have a dog.
② It runs very fast.

そのとおり。代名詞と同じ格の関係代名詞は何になるかな？

「It」は物で「主格」、だから「which」ですね

which

だから2つをくっつけるとこうなります！

例の解答

① I have **a dog**. ② **It** runs very fast.

I have **a dog**.   **which** runs very fast.

I have **a dog which** runs very fast.
（私はとても速く走る犬を飼っている）

うん、バッチリだよ♪

所有格の関係代名詞

I met a girl **whose** father is a pilot.

⇒ 私は父親がパイロットである少女に会った。

---

① I met a girl.

② Her mother is a teacher.

次は3段階を通して一気にやってみよう

---

① I met <u>a girl</u>.

② <u>Her</u> <u>mother is a teacher</u>.

えーっと……「a girl」と「Her」に下線を引いて…波線は「mother is a teacher」ですね

そうだね

「Her」は所有格だから、関係代名詞は「whose」ですね

whose

まとめると…こうなりますね！

例の解答

① I met **a girl**.　② **Her** mother is a teacher.

I met **a girl**.　　　**whose** mother is a teacher.

I met **a girl whose** mother is a teacher.
（私はお母さんが先生をしている少女に会った）

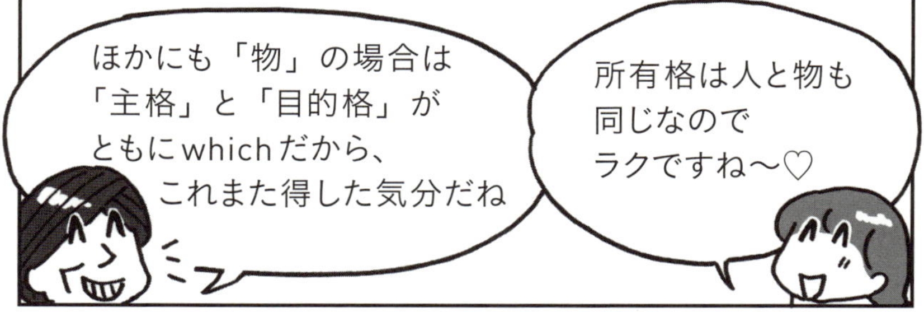

ほかにも「物」の場合は「主格」と「目的格」がともにwhichだから、これまた得した気分だね

所有格は人と物も同じなのでラクですね〜♡

目的格の関係代名詞

This is the camera **which** I bought yesterday.

⇒ これは私が昨日買ったカメラです。

さて、次の例はどうかな？

① She is a student.
② I know her very well.

あれっ…？
「She」と「her」じゃダメですよね？

①の文では
代名詞ではなく必ず
「名詞」を探すんだよ

① She is <u>a student</u>.

② <u>I know her very well.</u>

> なるほど…
> じゃあこうなるんですね

> そういうことだね。
> **②の文は「代名詞以外はすべて波線をつける」**と覚えておこう

> また、「her」は「know」の目的語だから、関係代名詞は「目的格」の「whom」だね

> はーい、できました♡

例の解答

① She is **a student**.　② I know **her** very well.

　　↓　　　　　　　　　　　　　↓

She is **a student**.　　　I know **whom** very well.

⇩

She is **a student whom** I know very well.

（彼女は私がとてもよく知っている生徒です）

> そうだね！ 気をつけてほしいのは
> × She is a student I know whom very well.
> ではないということ。
> 「whomが抜けたあとの波線」をくっつけて、
> 「I know very well」とするんだよ

では次!
これをやってみよう

① The girl spoke English.
② I met her yesterday.

「The girl」と「her」に下線で…波線は「I met yesterday」!

この「her」は「met」の目的語だからwhomに変えて…こうなります!

例の解答

① **The girl** spoke English.　　② I met **her** yesterday.

The girl [　　] spoke English.　　I met **whom** yesterday.

⇩

The girl whom I met yesterday spoke English.

(私が昨日会った少女は英語を話した)

① The boy is Tom.
② He is playing baseball.

いい調子だ。では最後はこれだね

あれっ？ 今度は①と②に「同じ人」を表す語が３つもありますよ！
②は「He」でいいとして、①は「The boy」？「Tom」？ どっちでしょうか…？

①の「人」を選ぶとき、「名前」や「家族・親戚関係」の単語は選んではいけないんだ

たとえば、「Tom」や「Mary」「my father」「his sister」などだね。「Tom」と「The boy」を比べると「トム」はどこのだれかはっきりしてるけど、「少年」はどんな少年なのかわからないよね

２つのうち、説明の必要なほうを選べばいいということなんですね

そうか！

Tom はっきりしている

The boy はっきりしていない

「The boy」と「He」に下線、
「is playing baseball」に波線、
「He」は主語で「主格」なので「who」ですね！

I ok!

例の解答

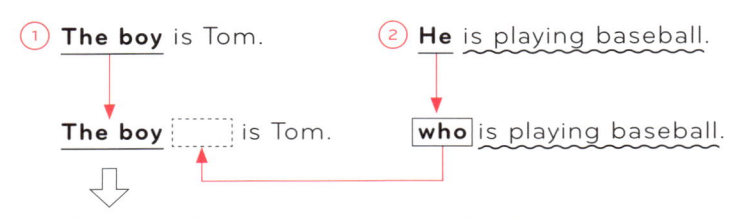

① **The boy** is Tom.　　② **He** is playing baseball.

　The boy ▢ is Tom.　　**who** is playing baseball.

⇩

The boy who is playing baseball is Tom.

（野球をしている少年はトムです）

POINT 43
2つの文のつなぎ方

STEP 1
①と②の文のなかから「同じ人」または「同じ物」を意味する語を見つけて、2か所（①は「名詞」、②は「代名詞」）に下線を引く。 ②の「代名詞以外の部分」には「波線」を引く。

STEP 2
②の「代名詞」を「同じ格（主語・所有格・目的格）の関係代名詞（who / whose / whom / which）」と入れかえる。

STEP 3
①と②の離れた下線（短い線）をくっつけて1本の長い線にする。「関係代名詞以外の部分（波線部）」は、前の名詞を後から修飾するので、必ずいっしょに連れていく。

※関係代名詞の目的格「whom / which」は、省略されることが多い

2つの文とつなげるための
「3つの段階」をまとめたよ。
ときどきチェックするといいね

1, 2, 3

One Point Lesson ★

英作文がうまく書けないという
悩みはないかい?
そんなときは関係代名詞を使えば
うまくいくよ!
頭の中に浮かんだ日本語の文章を
いったん2つの「かたまり」にしてから、
関係代名詞を使ってつなげるのが
ポイントだよ

例

① 私には東京に住んでいる息子がいる。

例の解答

① 私に は 東京に住んでいる息子がいる。
(1) 日本文のなかで大きな柱となっている「Aは〜である」「AはBを〜する」に下線を引いてそこを英語にする

私 は (1人の)息子を持っている。⇒ I have a son.

(2) 残りの「名詞」を説明している部分に波線を引いてそこを英語にする

(彼は)東京に住んでいる ⇒ (he) lives in Tokyo
　　　　　　　　　　　　（「he」は「who」に）

(3) 2つの英語のかたまりを関係代名詞でくっつける

I have a son who lives in Tokyo.

例 ② ギターを弾いている少年はトムです。
　　③ 私はメアリーという名前の少女を知っている。
　　④ あれは私が昨日会った少女です。
　　⑤ 私が昨日会った少女は英語を話した。

例の解答

② <u>ギターを弾いている</u>**少年**は **トムです**。
　(1)(その)少年 は トムです ⇒ The boy is Tom.
　(2)ギターを弾いている ⇒ (he)is playing the guitar.
　　　　　　　　　　　　(「he」は「who」に)
　(3)The boy who is playing the guitar is Tom.

③ **私**は メアリーという名前の**少女を知っている**。
　(1)私 は (1人の)少女を知っている ⇒ I know a girl.
　(2)メアリーという名前の →(彼女の)名前がメアリーだ
　　⇒(her) name is Mary (「her」は「whose」に)
　(3)I know a girl whose name is Mary.

④ **あれ**は 私が昨日会った**少女です**。
　(1)あれ は (その) 少女です ⇒ That is the girl.
　(2)私が昨日(彼女に)会った ⇒ I saw (her) yesterday
　　　　　　　　　　　　(「her」は「whom」に)
　(3)That is the girl whom I saw yesterday.

⑤ 私が昨日会った**少女**は **英語を話した**。
　(1)(その)少女 は 英語を話した ⇒ The girl spoke English.
　(2)私が昨日(彼女に)会った ⇒ I met (her) yesterday
　　　　　　　　　　　　(「her」は「whom」に)
　(3)The girl whom I met yesterday spoke English.

主格、目的格
「who / whom / which」
の代わりには「that」が使えるよ

でも「that」には**所有格がない**ので「whose」の代わりには使えないんですよね

that

そのとおり。それに、「that」には**特別用法**があるからそれを紹介しよう

POINT 44
「that」の特別用法

1. 先行詞が「人＋物・動物」の場合
例 Look at the boy and his dog that are running. （走っている**少年と犬**をごらんなさい）
2. 先行詞に「形容詞の最上級」がつく場合
例 Tom is the tallest boy that I know. （トムは私が知っている**最も背の高い少年**だ）
3. 先行詞に以下のような語句がつく場合
the first（最初の）／the last（最後の） the only（ただ1つの）／all（すべての）など 例 This is the first letter that I got from him. （これは私が彼からもらった**最初の手紙**だ）

※「先行詞」とは関係代名詞以下の文が修飾する「名詞」（関係代名詞の直前の「名詞」）のこと。2.と3.の「that」は目的格なので省略可能

現在分詞の使い方

Who is the girl **dancing** with him?

⟹ 彼と**踊っている**少女は誰ですか？

現在分詞と過去分詞ですか？現在分詞って動名詞と同じ形だから困ります〜

分詞
● 現在分詞
● 過去分詞

最後に分詞の話だよ。分詞には2つの種類があったことを覚えているかな？

でも**現在分詞と動名詞ははたらきがまったく違うので**混同しちゃだめだよ

現在分詞 ≠ 動名詞

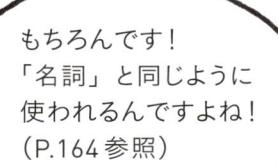

ところで、動名詞の
はたらきは覚えてる?

もちろんです！
「名詞」と同じように
使われるんですよね！
(P.164参照)

そのとおりだね。
ところが同じ形でも、「分詞」のほうは
「形容詞」のはたらきをして名詞を修飾するんだ。
だから **「動名詞＝名詞／分詞＝形容詞」** と覚えよう！

へー

例

形容詞　　a big dog　（大きい 犬）

現在分詞　a sleeping dog（眠っている 犬）

実は**現在分詞には
前から修飾するものと、
後ろから修飾するものがある。**
少しややこしいかもしれないから
2つを比較してまとめて押さえよう！

現在分詞：動詞の原形＋ing

現在分詞（〜している）

1. 現在分詞が単独で使われる場合

⇒前から名詞を修飾する（現在分詞＋名詞）

例　a sleeping dog（眠っている犬）

2. 現在分詞の後に語句を伴う場合

⇒後ろから名詞を修飾する（名詞＋現在分詞＋語句）

例　a dog sleeping under the tree（木の下で眠っている犬）

3. 1.と2.の比較

例　a sleeping dog
　　　a dog sleeping under the tree

そうか！

あとに何か語句がくっついているときだけ
現在分詞を名詞の直後に置けば
いいんですね！

過去分詞の使い方

This is a picture **taken** by him.

⇒ これは彼が**撮った**写真です。

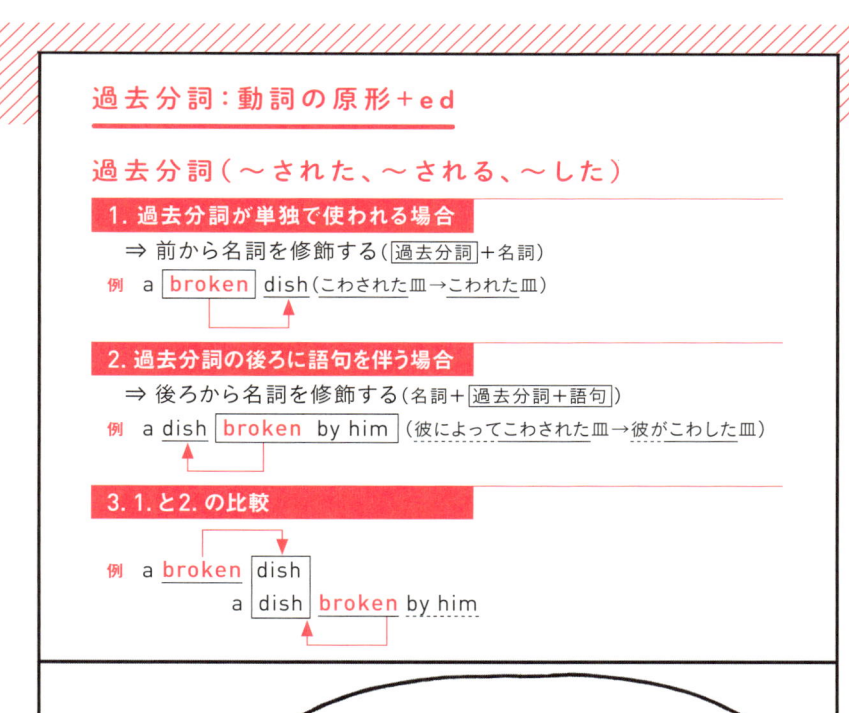

過去分詞：動詞の原形＋ed

過去分詞（〜された、〜される、〜した）

1. 過去分詞が単独で使われる場合
⇒ 前から名詞を修飾する（過去分詞＋名詞）

例　a broken dish（こわされた皿→こわれた皿）

2. 過去分詞の後ろに語句を伴う場合
⇒ 後ろから名詞を修飾する（名詞＋過去分詞＋語句）

例　a dish broken by him（彼によってこわされた皿→彼がこわした皿）

3. 1.と2.の比較

例　a broken dish
　　a dish broken by him

> 過去分詞も現在分詞と同じく
> **単独で使われる場合は前から、**
> **語句を伴う場合は後ろから、**
> 名詞を修飾しているね！

broken dish

この場合の訳は、
「こわされた皿」
「こわれた皿」
どちらがいいんでしょうか？

「こわれた皿」のほうが日本語らしいかもね。どちらにしろ、最初は「〜された」と訳してみて、何となくおかしければ「〜した」と直せばOK!

① The girl **playing** tennis is Mary.
② I have a camera **made** in Japan.

ところでこの例文はどこかで見たことない？

あっ！
①は関係代名詞の「頭デッカチ型」とよく似ていますね！
②も「which was」の入った関係代名詞の文とそっくりです

そのとおりだよ！よく気づいたね

ほんとだ！
なんだか手品を
見てるみたい〜♡

つまり**関係代名詞を使った文**から**「関係代名詞＋be動詞」**を**省略すれば自動的に分詞になってしまう**ということなんだ

だから関係代名詞を
しっかり復習すれば、
分詞もすぐに理解できる…
というワケさ。
この２つの関係を押さえておこうね

POINT 45
「関係代名詞」と「分詞」の関係

※「分詞」＝「関係代名詞＋be動詞」を省略したもの

1. テニスをしている少女はメアリーです

　The girl who is playing tennis is Mary.
= The girl 　　　　 playing tennis is Mary.

2. 私は日本で作られたカメラを持っている

　I have a camera which was made in Japan.
= I have a camera 　　　　 made in Japan.

おわりに

なんだかアッという間に終わってしまったかんじです

さて、長いようで短かったレッスンもこれでおしまいだ。ここまで勉強してみてどうだったかな？

でも少し自信がついた気がします！このあいだも、駅で道に迷っている外国人観光客の方を見かけたので、勇気を出して声をかけたんです

May I help you?

え〜っ それはすごいね！

なんとか無事に道案内ができました♡

ENGLISH

世界が広がって英語が好きに なれました〜♡
そのうち英語の資格にも 挑戦してみたいですね〜

すばらしい！ 応援しているよ！

英語はあくまでツールなんだ。
中学英語でも、外国の人と会話することは じゅうぶん可能だよ。
恥をかいたっていい。
どんどん英語を使っていこう！

がんばるぞー

Where there's a will, there's a way.
意志あるところに道あり！

■著者紹介

〔原作・監修〕

稲田　一（いなだ　はじめ）

　1948年、広島県生まれ。早稲田大学法学部卒業。

　大手電機メーカーの人事・総務部勤務後、(専)通訳ガイド養成所を経て、翻訳・塾講師・家庭教師などの仕事に従事。受験界に身を転じてからは、「志望校の徹底分析に基づく効率的学習」を柱とする独自の学習法を確立。その理論に裏付けられた指導法により、多くの受験生を合格へと導く。還暦を機に、海外各国を歴訪。今後も視野を一層広げるため、訪問国を増やしていく予定。

　「稲田式 やり直し英語」と好評を博している「中学3年間の英語」シリーズは累計100万部を突破し、2012年・年間ベストセラー語学書1位も獲得したロング＆ベストセラーシリーズとなっている。

〔漫画〕

古田　真理子（ふるた　まりこ）

　1972年、神奈川県生まれ。早稲田大学商学部卒業後、日本電信電話株式会社に入社。北九州支店での営業を経て本社マルチメディアビジネス開発部に所属しデジタルコンテンツの企画開発に携わる。その後、1999年フリーイラストレーターとして独立。児童書からIT系の書籍まで幅広く活躍。

　朝日小学生新聞で漫画「ニュースそれってど〜いうこと!?」を連載中。

マンガでわかる
中学3年間の英語をこの1冊でざっと復習する本　(検印省略)
2016年6月29日　第1刷発行

原作・監修　稲田　一（いなだ　はじめ）
漫　画　古田　真理子（ふるた　まりこ）
発行者　川金　正法

発　行　株式会社KADOKAWA
　　　　〒102-8177　東京都千代田区富士見2-13-3
　　　　0570-002-301（カスタマーサポート・ナビダイヤル）
　　　　受付時間 9:00〜17:00（土日 祝日 年末年始を除く）
　　　　http://www.kadokawa.co.jp/

落丁・乱丁本はご面倒でも、下記KADOKAWA読者係にお送りください。
送料は小社負担でお取り替えいたします。
古書店で購入したものについては、お取り替えできません。
電話049-259-1100（9:00〜17:00／土日、祝日、年末年始を除く）
〒354-0041　埼玉県入間郡三芳町藤久保550-1

DTP／フォレスト　印刷・製本／図書印刷

Ⓒ2016 Hajime Inada, Mariko Furuta, Printed in Japan.
ISBN978-4-04-601523-5　C2082

本書の無断複製（コピー、スキャン、デジタル化等）並びに無断複製物の譲渡及び配信は、
著作権法上での例外を除き禁じられています。また、本書を代行業者などの第三者に依頼して
複製する行為は、たとえ個人や家庭内での利用であっても一切認められておりません。